脳科学と
医学からの
裏づけ！

スマホ勉強革命

記憶力 思考力 集中力 が劇的に変わる！

本郷赤門前クリニック院長・医学博士
吉田たかよし

青春出版社

プロローグ

スマホは使い方を変えれば、勉強に革命を起こす最強の武器になる

私が院長を務める本郷赤門前クリニックは、その名の通り東京大学本郷キャンパスの赤門前にある、日本で初めての受験生を専門に扱う心療内科クリニックです。

やる気や集中力・記憶力の低下といった脳機能のトラブルを解決するだけでなく、脳科学とメンタル医学を応用した勉強法の指導をし、試験合格まで脳をサポートしていくのが私の仕事。

そのため、私のクリニックには、中・高・大学・大学院受験、TOEFL・TOEICなどの受験生はもちろん、司法試験・医師国家試験・国家公務員試験・税理士・行政書士など各種資格試験、昇進・昇格・昇任試験を受ける社会人の方も多く来院されます。

近年、若い世代に目立つのが、スマートフォン（スマホ）の影響です。

診療は毎日がスマホとの戦い。

ほぼ全例がスマホの使いすぎで成績を落としているといっても過言ではありません。

以前の私は、彼らからスマホを取り上げることばかり考えていました。時間をムダにするだけでなく、スマホ依存症から、うつ病などにいたるまで、不適切なスマホの使用が脳に多大なる弊害を生じているケースをたくさん診《み》てきたからです。

しかし、スマホの弊害をいくら説いても、なかなかスマホを手放してはくれません。

無理に取り上げたら、イライラして周囲に暴言を吐いたり、家で暴れたり……。結果として、勉強しないどころか逆効果にしかならないことを日々の診療で身をもって実感したのです。

スマホを「やめる」のではなく、脳に最適な形で「正しく使う」

そこで、数年前から発想を転換し、勉強にスマホを積極的に活用していく方針に切り替えました。

どうせ使うなら、**脳に最適な使い方をする、脳の働きをよくする方法で使う**というのが現在の私の方針です。

この方針を徹底すれば、**スマホという新しいツール（道具）によって、勉強法の幅がぐんと広がり、成績の大幅なアップにつながる**のです。

ただし、みなさん、だからといって、やみくもにスマホを使って勉強しようとは考えないでください。

通常のやり方だと、確実に脳のパフォーマンスを下げてしまいます。

それは、なぜか。

後ほど詳しく解説しますが、**スマホが近くにあるだけで、脳は無意識のうちにスマ**

ホを使う準備をしてしまい、家電の待機電力と同じように、脳のワーキングメモリ容量をムダに使ってしまうからです。

テレビやエアコンなどの家電は、スイッチを入れたらすぐに作動するように待機電力を消費していますよね。私たちの脳も同じように、ＬＩＮＥメッセージなどが来たらすぐに反応できるように脳の機能を待機させています。その結果、脳のワーキングメモリ（作業記憶）が低下してしまうのです、

脳をスマホの受信に待機させておくと、**目の前の勉強に対する集中力が低下するだけでなく、記憶力や情報処理能力まで低下する**というデータが発表されています。

試した人から、いきなり成績が上がる理由

本書では、脳をダメにする危険なスマホの使い方、あるいは逆に、勉強の効率を上げる脳に良い使い方について、脳科学やメンタル医学に基づき解説していきます。

実は、脳とスマホは相性がいい。

なぜなら、脳もスマホも、やっていることは、どちらも情報処理。後述しますが、スマホは脳の拡張装置としての役割を担っているからです。

パソコンの機能を拡張すると、パフォーマンスが飛躍的に向上するように、脳にとって増設装置としての機能を果たしているのがスマホにほかなりません。

その**本来は脳が担うべき機能をスマホに求めてしまうから、スマホ依存に陥りやすい**わけです。

でも同時に、勉強を効率化できる理由もそこにあります。

スマホを上手に使いこなすことによって脳の機能が増設されるから、勉強の効率も飛躍的に上がるのです。

このことに気づいたとき、私は目からウロコが落ちる思いがしました。

以降、スマホに依存しない工夫をしながら、積極的にスマホを活用する勉強法を次々に考案してきました。

本書では、その中から実際にクリニックに来る受験生にも試してもらって、大きな実績を残した例をご紹介していきます。

たとえば、

・**メンタル強化カレンダー通知術**……スマホのカレンダー機能を活用すれば、自分のスマホが「優秀なメンタルトレーナー」になり、前向きな気持ちでバリバリ勉強に取り組める心に変わるのです。⬇PART2（メンタル強化編）

・**集中力向上タイマー術**……「スマホは集中力を低下させる」というのがこれまでの常識でしたが、このスマホのタイマー機能を利用した方法で、集中力を大きく向上させることができます。⬇PART3（集中力アップ編）

・**検索&連想記憶術**……スマホの検索機能を使ったちょっとした方法で、驚くほど脳に記憶を残すことができるのです。⬇PART4（記憶力アップ編）

こうして「スマホで脳の機能を拡張する」ことによって、勉強の効率を上げる本書のやり方は、まさしく勉強革命だと私は自負しています。

ぜひ、この本で、あなたの脳を飛躍的に進化させる勉強革命を成し遂げてください。

本郷赤門前クリニック院長・医学博士　吉田たかよし

スマホで脳の機能を拡張すると、勉強の成果が劇的に変わる！

カレンダー機能を活用して

脳のやる気を引き出す！

タイマー機能を活用して

ダラダラ勉強防止！

集中力向上！

検索機能を活用して

脳に効率よく記憶を残す！

目次

PART 2
スマホで合格を勝ち取るメンタルトレーニング
メンタル強化編

PART 3

短時間で勉強力を上げる「集中できる脳」のつくり方

集中力アップ編

PART 4

スマホを活用して、脳に効率よく記憶を残す！

記憶力アップ編

カバーイラスト　Bloomicon/Shutterstock.com
本文デザイン＆ＤＴＰ　リクリデザインワークス

PART 1
基本原理編

なぜ、このやり方だと勉強の効率が上がるのか

1

「スマホ依存」の本質的な問題点

本書の目的は、スマホを工夫しながら使いこなすことにより、①記憶力・思考力・集中力など勉強に必要な脳機能を飛躍的に高めること、②前向きな気持ちで意欲的に勉強が続けられるタフでしなやかな精神構造を脳に築き上げることです。最新の脳科学やメンタル医学を活用すれば、それがスマホで実現できるのです。

ただし、現状では、おそらくその正反対の悪影響ばかりをスマホからこうむっているという方が多数派だと思います。まずは、その問題点を克服するのが急務です。

実は、これについても、スマホを活用することで可能になるのです。そのためには、現状のスマホが抱えている問題点の本質を知っておく必要があります。

問題点① 脳のエネルギーが吸い取られる！

私のクリニックでも、ここ数年、「スマホ依存症」の相談が激増しました。スマホに依存し、睡眠や食事がおろそかになって日常生活も送れなくなってしまうのです。スマホを手放した瞬間にイライラしたり、暴れだしたり……。受験生の親御さんが、お子さんのスマホを取り上げた途端に過呼吸の発作を起こしたりするケースもあります。

私はこうした重症例も含めて治療にあたっていますから、その実態をよくわかっているつもりです。

スマホをやっている時間がムダになってしまうことは、どなたもお気づきでしょう。いわば、スマホに時間を吸い取られているわけです。

しかし、それ以上に深刻なのは、脳のエネルギーもスマホに吸い取られてしまうことです。

脳のエネルギーとは、正確にいうと脳内情報伝達物質のこと。人間は、脳の中で情報伝達物質をやりとりしながら、ものを記憶したり、考えたり、判断したりしています。これが、スマホによって浪費されてしまっているのです。

たとえば、うつ病になると、「癒やしホルモン」と呼ばれるセロトニンという脳内情報伝達物質が枯渇《こかつ》し、ポジティブなものの考え方や不安を抑えることができなくなってしまいます。

しかし、スマホの使いすぎで脳が疲れた状態でも、セロトニンも含め、脳内情報伝達物質が消費されて脳はいきいきと機能できなくなっています。さらに消費された脳内情報伝達物質の一部は睡眠物質に変わるため、脳の働きは半分寝ているようなボケーッとした状態にならざるをえません。

これは、疲れた脳を確実に休ませるためにはよくできた仕組みなのですが、そんな状態では勉強がはかどるはずはないですね。

スマホによって脳のエネルギーが吸い取られているというのは、決して誇張ではないのです。

問題点② スマホに脳を乗っ取られる!

長時間のスマホがよくないとわかっていても、ついついダラダラとやり続けてしまうという人は多いでしょう。その原因は精神力が弱いからだけではありません。実は、スマホによる「脳の乗っ取り」現象が起こっているのです。

スマホと脳の関係は、もちろん脳が主でスマホが従であるはずなのに、現実には立場が逆転し、脳の司令塔である「前頭前野《ぜんとうぜんや》」のコントロールがきかなくなってしまう――スマホに操られて、欲望を生み出す「大脳辺縁系《だいのうへんえんけい》」が刺激され、意思を生み出す「前頭前野」が対抗できなくなって、欲望に負けてしまう……。そんな現象が脳内で起きているのです。

これが、スマホの依存状態から脱《ぬ》け出せない人が急増している根本的な構造です。たとえば、スマホのゲームでワクワクドキドキしていると、脳内にあるA10《エーテン》神経がドーパミンを大量分泌しますので、その快感を求めて際限なくスマホにのめり込んでしまう。その結果、**脳の前頭前野が道具であるはずのスマホに、事実上、乗っ取られ**

て支配されるという逆転現象が起きてしまうのです。

あなたの脳を乗っ取るものの正体は、ちっぽけなスマホではない

「たかだか小さいスマホが脳を乗っ取るなんて大げさな！」

そう思われるかもしれません。でも、脳を乗っ取るものの本当の正体は、あなたの手にある小さいスマホじゃないのです。スマホはその向こう側にある巨大産業とネットでつながっているんですね。

たとえば、Google・Amazon・Windows・Apple……。これら巨大IT企業が、1分、1秒でもあなたに長くスマホを使わせることで収益をあげているのです。だから、多額の研究費を投入し、日夜、ユーザーの脳をスマホに夢中にさせる技術を開発しているのです。実際、優秀な脳科学者が大勢、こうした研究に携わっています。

こうした巨大産業が打ち立てるビジネスモデルに飲み込まれないためには、スマホのユーザーの側も脳科学の知識を身につけ、適切な方法で使いこなす知恵と工夫が必

要です。本書はそのための処方箋を示すものです。

カレンダー機能を使って、「励ましのメッセージ」が届く仕組みをつくる

ダラダラとスマホをやり続けるというのは、どなたにとっても困った生活習慣ですが、受験生の場合、勉強時間も脳のエネルギーも吸い取られてしまうので致命的です。

これに関して、私のクリニックでは、ほんの些細な工夫で劇的に改善させることに成功しています。しかも、薬も特別な装置も使いません。使用するのはスマホだけ。「毒を持って毒を制する」といいますが、私の方法は**スマホを使ってスマホ依存を治す**というものです。

スマホのカレンダー機能を利用すれば、決まった時刻に決まったメッセージを画面に表示することができます。**メンタル医学では、励ましのメッセージのことを「エンカレッジメント」といいますが、スマホであればエンカレッジメントをとてもお手軽に届けることができるのです。**

たとえば、受験生がユーチューブの動画をついつい見続けていても、一定の時刻に

なると画面の上部に「東大合格を目指して努力しよう！」といったエンカレッジメントのメッセージが表示されるわけです。もちろん、1回だけでは効果がないかもしれませんが、何回か表示を繰り返すと、そのうち、ふと我に返って「勉強しなきゃ！」と思えるようになるのです。

ただし、スマホの依存を治すには、エンカレッジメントのメッセージに工夫が必要です。ほとんどの受験生は「ユーチューブを見続けない！」、「ゲームをやめる！」といった「○○をしない」といった禁止のエンカレッジメントを表示しようとします。実は、これでは効果が上がらないどころか、逆効果になることも多いのです。

人間の脳は、禁止されると逆にやりたくなる衝動がわきあがります。これを「反動形成」といいます。脳は束縛を受けると精神的ストレスを感じるので、そこから逃れたい衝動にかられる本能があるのです。

親が「スマホをやめなさい」と注意したら、子どもは逆にスマホにのめり込む……というのは、どこの家庭でも見られることですが、これも反動形成によるものです。

もう一つ、**「○○をしない」という禁止のメッセージには、脳を苦痛や落ち込みといったネガティブな感情に誘導してしまう欠点があります。**仮にスマホがやめられたとしても、それによって無気力になってしまったら、効率のいい勉強はできません。

スマホに表示するエンカレッジメントは、本人が前向きな気持ちになるメッセージが必要です。クリニックでは、私が受験生と相談して具体的なコメントを決めているのですが、最も多いのは「○○大学に合格するように努力する」というパターンです。あるいは、「合格してハワイ旅行に行けるように努力する」といった具合に、合格のご褒美をメッセージにする受験生もいます。

大切なのは、いやいやスマホを禁止にするというのではなく、スマホ以上に手に入れたいものがあるので自主的にスマホをやめるという形式に持ち込むことです。そうすれば、より前向きに、より意欲的に勉強に取り組めるわけです。

実は、エンカレッジメントを与えて適切な行動や望ましい心理状態に切り替えることについては、カウンセリングの効果を高めるためにメンタル医学の分野で盛んに研究が行われています。また、その研究成果は、スポーツ選手のメンタル面をコーチがサポートするときにも活用されており、すでにオリンピックやトッププロの試合で大きな成果を残しています。

実は、これと同様のことが、スマホのカレンダー機能を使えば、簡単に実践できるのです。つまり、**手元のスマホがあなたに専属の心療内科医やメンタルトレーナーの代わりをしてくれる**ということです。これによって、スマホの依存から脱却できるのはもちろん、自分自身の精神を思い通りに変えることもできるのです。ＰＡＲＴ２のメンタル強化編で、その方法について徹底的に解説します。

クリニックで指導している受験生たちもそうですが、勉強に対して前向きな気持ちで意欲的に取り組むことができるようになれば、間違いなく人生が変わります。

本書のタイトルにもなっている「勉強革命」というキャッチフレーズは、決して誇大表現ではないと実感していただけるはずだと私は確信しています。

2

東大や司法試験合格者は「スマホの使い方」が違った

勉強を粘り強く続けられるメンタル面の強化とともに重要なのが、記憶力などの脳機能を高めることです。それがスマホを上手に使いこなすことで、簡単に実現できるのです。

キーワードはプロローグで述べた「スマホで脳を拡張する」ということです。

私のクリニックでは、例年、東大や医学部、司法試験などの難関試験に高い合格実績を出していますが、その全員に積極的に取り入れていただいていたのが、スマホを使った「ウォーキング勉強法」です。

これは、「スマホで脳を拡張する」とはどういうことかわかっていただくのに大変いい例だと思うので、ここでご紹介しておくことにしましょう。

「ウォーキング勉強法」で脳を拡張！

最初に断っておきますが、いわゆる「歩きスマホ」は論外！　歩行中・運転中にスマホを見ながらの勉強は、絶対にやってはいけません。

いうまでもなく、大変危険ですし、そもそも、そうした状況では集中力が低下してしまうので勉強の効率が悪く、メリットは何もないのです。

私が提唱する**「ウォーキング勉強法」は、自分の頭を使ってまとめた重要事項をスマホに吹き込み、それを歩きながら聞く、というもの。**

いつでも、どこでも、音声の録音や編集・再生が簡単にできてしまうスマホの機能を利用した勉強法です。

これが単純な方法に見えて、脳に効率よく記憶を残すうえで、次のような重要な意味を持つのです。

・歩くと覚えやすい

歩くことが記憶力を高める作用を持つことは、イリノイ大学の研究でも実証されています。**座り込んでいるときより歩いているときのほうが、脳全体のメインスイッチの働きをしている脳幹網様体が活発に働く**ため、それに伴って記憶が効率よく脳にインプットされると考えられています。

・脳は受動的でなく能動的に使うと、長期記憶になりやすい

あとでもふれますが、この方法の重要なポイントは、ただ暗記事項をそのままスマホに録音したものを聞くのではなく、必ず「自分の頭を使ってまとめる」ということ。自分で考えてまとめたうえでスマホに録音するという過程で、脳を能動的に使えているため、忘れにくい長期記憶として脳に移されるスイッチが入るのです。

授業で先生から聞いた話や教科書で読んだ知識など、**脳が受動的に得た情報は忘れやすい性質を持っていますが、それを能動的に、自分で考えてまとめるというプロセスを経た情報は長期定着しやすいことが脳科学の研究で明らかになっている**のです。

7 スマホが海馬の記憶容量を拡張させる！

「せっかく覚えたことを、時間がたつときれいさっぱり忘れてしまった」という経験があなたにもあるはずです。では、なぜ、この方法なら、いつまでも忘れないのか。脳における記憶のメカニズムを簡単に解説しましょう。

私たちが覚えた情報は、いったん脳の「海馬《かいば》」と呼ばれるところに仮置きされています。ただし、このままだと最長でも2週間以内にすべて忘れてしまうので、この段階は「短期記憶」と呼ばれます。

海馬に仮置きされた短期記憶が、夜寝ているときなどに大脳新皮質《だいのうしんひしつ》に移行すると、ほぼ一生忘れない記憶になってくれます。これが「長期記憶」です。

原始社会では、生物として生き残るために、敵の発する音やにおい、食の知識など、生きるうえで大事な情報を優先して記憶しなければいけません。そこで、何度も経験した情報を、重要度は高いとして長期記憶になるわけです。

この記憶システムは、経験を通して、生きるうえで大事な情報を覚えるのには適していません。しかし、残念ながら、現在社会を生きる私たちが覚えなければならない知識は情報量が膨大すぎて海馬への仮置きが十分にできず、このようなのんびりした方法では対応できません。とくに受験生は、長期記憶になる前に、苦労して暗記した大半の情報を忘れてしまっているのが現実です。

海馬というのは、脳の中で記憶を作り出す最も重要な器官ですが、サイズも容量もすごく小さい。海馬の容量の小ささが勉強の限界、勉強の効率の悪さを生み出している要因だといえます。

一方、勉強した情報を長期記憶として保存しているのは、主にこめかみの辺りにある側頭葉《そくとうよう》を中心とした大脳新皮質という部分です。

みなさん、人間の脳というと、しわ（大脳回《だいのうかい》といいます）があるようなものを想像される方が多いと思うのですが、この部分が大脳新皮質で、海馬の容量とは比較にならないほど膨大です。

人類の進化の過程で、この大脳新皮質のサイズが大きくなったから、人間は高度な知性を持つことができました。だから、情報を小さな海馬から巨大な大脳新皮質に移行させて格納してしまえば、もうこっちのもの。これが短期記憶のままでは忘れるが、長期記憶になったら一生忘れない理由なのです。

人間の大脳新皮質は、とてつもない進化を遂げたので、事実上、無限に記憶できるといってもいいくらい巨大な情報量を長期記憶として保存できます。

でも、そのプロセスとして小さい海馬に仮置きをしなければならない。これが、現代人が勉強を行うにあたっての大きな制約になっています。

では、その脳の欠点をどうすればカバーできるのか。実は、その手段こそが、スマホの録音なのです。長期記憶を作り上げるまで情報を一時的にストックしておくということは、スマホの録音機能で簡単に肩代わりできます。

言い換えれば、**スマホの記憶装置が海馬の記憶の拡張装置になる**ということです。

だから、**スマホの情報を残すレコーダーとしての能力を使って、海馬の機能を10倍、20倍にする。**あなたの勉強の能力自体が飛躍的に拡大していく……。

これが、「ウォーキング勉強法」の脳機能から見た全容なのです。

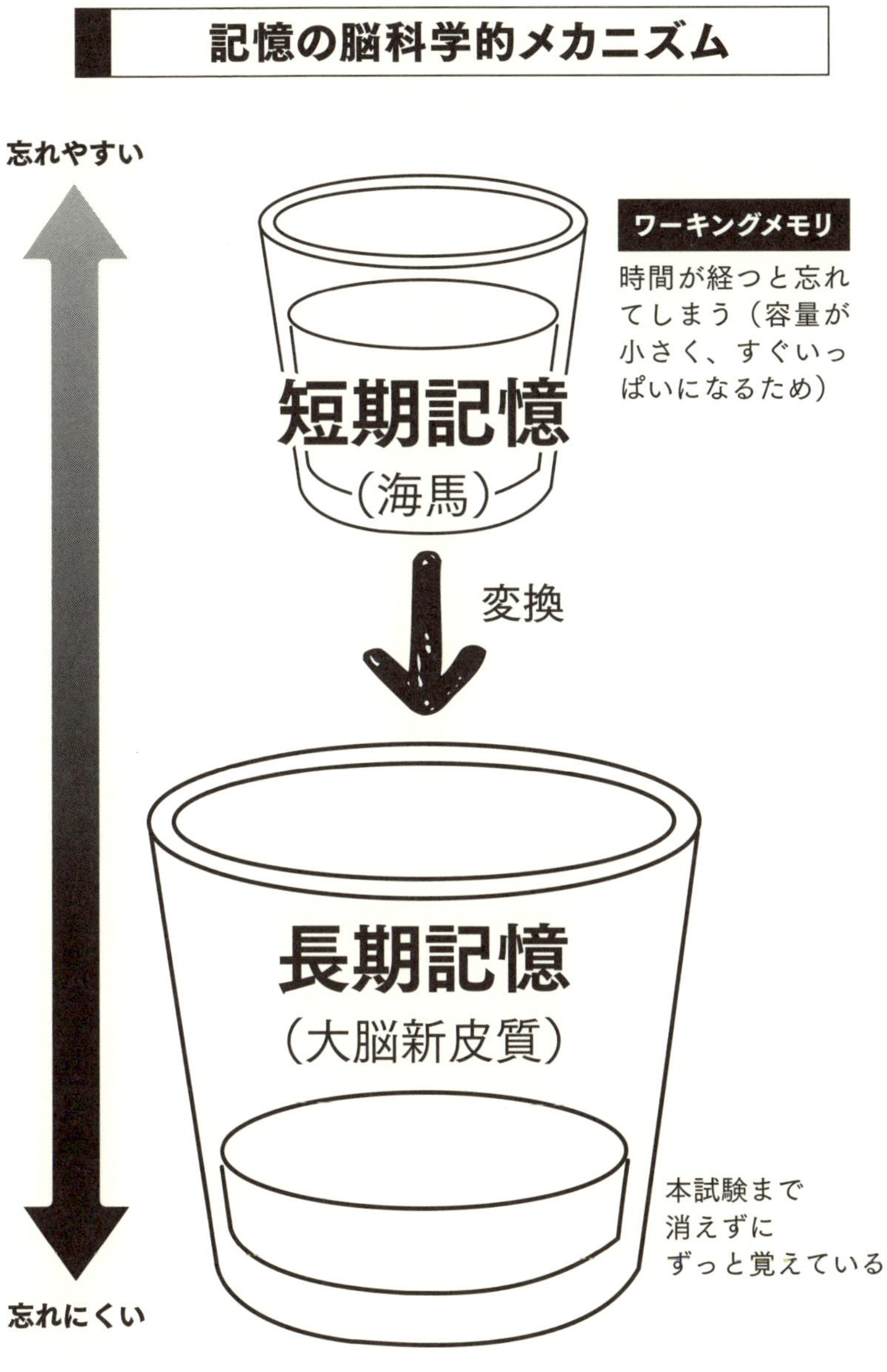
記憶の脳科学的メカニズム
忘れやすい
ワーキングメモリ
時間が経つと忘れてしまう（容量が小さく、すぐいっぱいになるため）
短期記憶
（海馬）
変換
長期記憶
（大脳新皮質）
本試験まで消えずにずっと覚えている
忘れにくい

七 「授業の録音を聞く勉強法」との本質的違い

「勉強内容を録音して聞くなんて、そんなのとっくに知ってるよ」

「いやいや、先生、みんなやってますよ」

私がこの勉強法を指導すると、そんな感想が殺到します。

しかし、私は「みなさんがやっている方法ではダメだ」と断言します。

なぜなら、「そんなこと知ってるよ」という人によくよく聞いたら、「復習したい授業や講義を録音してそのまま聞いている」という人がほとんどです。これは、私が提唱する方法と似ているようで脳科学的意味合いはまったく違います。

まず、たとえば1時間の授業を移動中に10分聞いても、1時間分の復習ができないので非常に効率が悪い勉強の仕方といえます。

さらに致命的なのは、先ほどふれたように、録音した情報は自分でまとめていないということです。自分で能動的に頭を使って情報を整理するというプロセスを経ていないので、長期記憶には残りにくいのです。苦労して覚えても、2週間以内に自動的に消去されていく割合が極めて高いわけです。
ただ**授業を録音して聞き直すだけだったら、単に、その授業を繰り返しているだけ。だから、スマホは海馬の拡張装置としての機能を十分に果たしていません。**

おすすめするのは、たとえば1時間の授業であれば、ノートを見ながらその内容を5分ぐらいに要約して録音するということです。あるいは30分間ほど教科書を読んで自習したら、マーカーを引いた重要ポイントを中心に自分でまとめ直して3分くらいの録音にします。

効率よく長期記憶に変えるコツは、受動的に学んだことであれば、十分の一くらいのサイズに圧縮して録音するということです。その作業を自分の頭を使って能動的に行えば、脳の海馬の拡張装置として機能は理想的な形で高められるのです。

このように、本書では、スマホを使った様々な勉強法をご紹介しますが、ノウハウだけをマネしないように注意してください。

いくら形だけマネしてもダメ。脳にとってどういう意味を持っているのか、脳の仕組みを理解したうえで自分の状況に合わせて実践してこそ劇的な効果が上げられます。なぜなら、勉強法を取り入れることも受動的ではなく能動的であるべきだからです。

3

「能動的な使い方」に変えると頭がよくなる！

「スマホをとことんまで能動的に使いこなす」

スマホの使い方で一番大事なのは、ここです。

ところが、ほとんどの人は、スマホでゲームをしたり、動画を見たり、ネットサーフィンしたり……。「能動的」ではなく「受動的」に使っていませんか。

ただ見るだけ、ただ聞くだけの受動的な使い方をしていると、「受け身の脳」になってしまいます。

その結果、**脳に起こる最大の問題点は、「没思考《ぼっしこう》」という脳の前頭前野が寝ているような状態になっていることです。**

前頭前野は、前述したように、自分の意思で考えたり判断したりする中枢。その前頭前野がピタッと働きを停止し、ボケーッとしたような状態になってしまうのです。

「動画やゲームは、ワクワクドキドキするし、楽しいよ」

「ネットから新しい知識や情報を得ているよ」

と思うかもしれません。

でも、それは情報を一方通行で受け入れているだけで、自分の頭で考えて判断するという前頭前野の機能をほとんど使っていないのです。スマホを通して、知識を得ているように感じるかもしれませんが、仮に記憶に残ることはあっても、それは自分で使いこなせる知恵になってくれないのです。


しかも最近の入試傾向では、テキストを丸暗記した知識そのものではなく、いかに自分で使いこなせる知恵としての知識を持っているかが問われています。

スマホの使い方が受け身で、スマホから脳に一方通行で情報を流し込んでいると、どんどん合格できない脳になってしまいます。

また、記憶力も悪くなるという深刻な悪影響も生じます。**自分で考えて判断すると、「精緻化《せいちか》リハーサル」と呼ばれる現象が起こって記憶力が高まっていきます。逆に、一方通行の受け身の作業ばかりをやっていると、「維持《いじ》リハーサル」と呼ばれる現象**

が起こって、長期的に記憶に残す能力そのものも悪くなってしまうのです。

今、「若年性健忘症」といって、まだ若いのに、お年寄りみたいに覚えられない脳になってしまう人が増加しているのですが、スマホを長時間見ることも大きな原因の一つです。

実際、スマホを使っている脳を分析すると、大半の方は前頭前野をほとんど使っていない状態であることがわかります。使わない機能は早く衰えるため、認知症と同じような脳になってしまうのです。

ＬＩＮＥの場合も、本人は能動的なコミュニケーションをとっていると感じているかもしれませんが、実際のところ、文章は定型的な言葉を打つ例が大半です。そのため、脳の前頭前野はほとんど使っていないのです。

このような状態を続けていたら、思考力は衰え、脳は劣化していくばかりです。もちろん、そんな脳の状態では入試に合格することも、仕事で成功を勝ち取ることもできるはずはありません。ただちに能動的な脳の使い方に切り替えてください。

〝能動的〟なネット検索と〝受動的〟なネット検索

知らないことやわからないことがあると、多くの人はすぐにスマホを出して「ネット検索」します。

この「ネット検索」一つとってみても、受動的な使い方と能動的な使い方では、脳に与える影響が異なります。

SNSで誰かのおすすめをネット検索してチェックする、一つユーチューブを見たら、関連する動画がどんどん表示されて次々に見てしまう……。これは受動的な使い方の典型例です。IT産業の経営戦略によって、あなたの脳は間違いなくスマホに支配され、徐々にではありますが、脳機能は悪化の一途をたどっているはずです。

一方、関心のあるテーマや疑問についてネットで調べる、自分で思いついた問いを持って探す……。これが能動的な使い方。私が推奨する、考える材料を、自分の意思で探す生み出すネット検索の仕方です。

スマホにおすすめされるままネットサーフィンをするのではなく、自分の意思で興味と関心を刺激しながら検索すると、脳の前頭前野が活性化するのです。

脳の認知機能を高める「アハ体験トレーニング」

スマホにふれている時間が長い人ほど、脳の基礎体力を高める工夫が必要です。その一つが「アハ体験トレーニング」。

何か物事を理解した瞬間、英語では「アハ（aha!）」といいます。「ああ、そうなんだ！」といわゆる腑《ふ》に落ちた瞬間に、脳の中の神経細胞がいっせいに活性化して、脳の認知機能が高まることがわかっています。

これが脳の前頭前野のトレーニングとして大変有効です。そこで、勉強中に疑問に思ったことをスマホで調べ、「ああ、そうなんだ！」と解決するアハ体験をできるだけたくさん持つように心がけると脳の機能を高められるのです。

ここでも大切なのは、〝自分で〟疑問を見つけだすこと。そして、検索する前に、ほんの少しでいいので、疑問の答えが何なのかを自分自身で考えてみて、それが正しいかどうかネットで検証するのです。

たとえば、日産のゴーン会長が逮捕されたとき、英文のニュースでは「Ghosn is gone（ゴーンは去った）」というフレーズがそこらじゅうに登場していました。オヤジギャグは日本に限らず、世界中に蔓延しているんだなと思って苦笑しましたが、その次の瞬間にわきあがってきた疑問は、「ゴーンは去った」は、現在完了を使って「Ghosn has gone」じゃないのかということです。すぐにネットで調べたくなりましたが、一瞬、我慢して自分の頭で考えてみました。そのとき、自問自答を通して、繰り返しアハ体験ができているのです。

そういえば、「He is gone」という表現も、見たことがある気がする……（早くもここでアハ体験）。確か、人が死んだときだったな……（ややアハ体験）。じゃあ、形容詞の「gone」は死んだという意味かな？（またまた、アハ体験）。ということは、「Ghosn is gone」は「ゴーンは去った」という意味ではなくて、「ゴーンは死んだ」という比喩で使われているんだ！（猛烈にアハ体験！）。

このあたりまで自問自答したところで、イザ、スマホで検索。「is gone」「has gone」「違い」で検索すると、わかりやすい解説記事が多数見つかりました。答えは明快で、「is gone」は行ったきりで戻ってこない状態を示すのに対して、「has gone」は戻ってくるかもしれない状態を示すということでした（もちろん、アハ体験）。死去した場合は戻ってくることはないので、「is gone」がそうした意味に使われることもありますが、「Ghosn is gone」は日産会長に復帰する可能性はないという意味で使われているとのことでした（とどめのアハ体験）。ということで、私の推測は半分正解といったところでしょうか。

ただし、それより大事なのは、たった一つの疑問で、私の脳内では6回くらいアハ体験ができたということです。実際には私の推測の半分は間違いだったのですが、間違った推測についてのアハ体験も脳には良い刺激になります。

これも含め、たった数分間の中で私の脳機能は高まり、英語の現在形と現在完了を使い分けるセンスと知恵も確実に身についたと思います。

そして、何よりもアハ体験の快感で私の精神は前向きになったことを実感できています。このことは、子どものように得意げに語る私の文章の行間を通して、読者の方にも伝わっていると思います!!

では、普段の勉強の中で、アハ体験を数多く持つにはどうしたらいいのでしょうか。

たとえば、勉強中に5分間に1回は必ず疑問を見つけだし、スマホで調べるというノルマを課してみるといいでしょう。

とくに、世界史や日本史などの社会科は、疑問点や問題点を見つけるのはわりと簡単です。それをスマホで調べて、少々大げさに「ああ、そうなんだ」というアハ体験の感動を脳に与えるというミッションを自分で自分に課すのです。

これが記憶の効率を上げ、脳の認知機能も高める秘訣なのです。そして、続けていると間違いなく勉強が楽しくなってきます!!

4 学習アプリへの過剰な依存の危険

「スマホ勉強革命」というと、学習アプリを使った勉強法のことだと思った人も多いのではないでしょうか。

本書の趣旨がそうではないことは、もうご理解いただいていると思いますが、もちろん学習アプリも脳機能に合致した使い方をしていただきたいのです。

私は脳機能を扱う医者として、学習アプリへの過剰な依存も大変危険だと訴えたいと思います。

学習アプリそのものが悪いのではありません。**学習アプリに没思考的に依存するのではなく、能動的に上手に使いこなすことが大事だということです。**

学習アプリのメリット、デメリット

学習アプリ、あるいはスマホを使った映像授業のいいところは、解説がわかりやすいところです。人気講師による説明のうまい授業を、いつでも好きなときに受けることができます。

もう一つ、解答ボタンを押すと、正解・不正解がすぐに判定されますから、スピーディーに単語を覚えたり、問題を解いたりできます。

ただし、どんなにいい学習アプリであっても、無条件に使い続けてしまうと、脳が受動的になってしまう危険性があります。

短時間に、たくさんの知識を脳に放り込めるというメリットがある一方で、脳の前頭前野がどんどん衰えてきて、その結果、ものを考える力、知識を知恵として使いこなす力が急激に低下してしまうという大きなデメリットもあるのです。

OECD調査からの衝撃報告!「ICT教育で学力は低下する」

事実、学校教育の現場にITを取り入れていこうという取り組みは、すでに世界中の先進国で行われていますが、その結果、どうなったと思いますか。

たとえば、タブレット端末を生徒に配布して学習アプリで勉強させる、端末と電子黒板を連動させて授業に使う……こうした世界各国の導入事例を調べたら、なんと**ITを導入すればするほど成績が悪くなった**とする報告を、OECD（経済開発協力機構）が調査して、発表しているのです。

OECDの加盟国の中で、日本はITの導入がとても遅れていたのですが、遅れたがために、「IT化による成績の低下」が軽微なもので済んだという大変に皮肉な結果でした。

では、なぜITを導入すると学力が上がらないのかというと、最大の理由は、「自分で考える力が育たないから」です。

たとえば、四角すいの体積は、「底辺×底辺×高さ÷3」（四角柱の体積の3分の1）なのはなぜか、どうして半分ではないのか、説明できますか？

私は小学生の頃，それがどうしてもわからなくて、自分で粘土で作って確かめたことがあります。

四角柱の2分の1の量の粘土で四角すいを作ったら、粘土がだいぶ余って、今度は3分の1の量で作ったら、きれいに四角すいになった。うわー、やっぱり3分の1なんだ！　ああでもない、こうでもないと試行錯誤し、考える力を生み出す前頭前野を一生懸命使ったおかげで、時間はかかるけれども前頭前野が鍛えられたわけです。

ところが、こうした**わからない問題は、コンピュータグラフィックスによる映像を駆使した説明だと、ひと目で理解することができます**。

公式を理解するだけなら、ＩＴを活用した映像授業や学習アプリを利用するほうがはるかに早い一方で、脳の前頭前野は十分に使われていない。これを繰り返していると、前頭前野が発達せずに自分で考える力が育たないのです。

すぐ答えを知るより、ああでもない、こうでもないと悩み抜くプロセスが脳には必要なのです。

5

ネット授業を上手に使う「脳内3D勉強法」

最近は、スマホで見られるネット授業や動画を利用している人も多いようです。

実は、私のクリニックを訪れる「受験うつ」の人は、みんな映像授業を見たがる、という共通点があります。

受験うつとは、その名の通り、受験期に起こるうつ病のことで、脳の意欲の中枢が衰え、記憶力・思考力が低下して勉強ができなくなる状態です。

受験うつになって、前頭前野の機能が低下すると、一方通行で情報を流し込む映像授業は、脳の前頭前野を使わなくてもいいので楽チンなのです。

受験うつまでいかなくても、脳の機能が低下した人は、物事を平面的にとらえる傾向があります。これを私は「平面思考」「2D思考」と呼んでいるのですが、**脳の使い方が平面的で、立体的に物事を思考できないのです。**

赤ちゃんの脳で実証！ 2Dでは認知機能は上がらない

この2D思考、平面思考の脳の使い方が大変危険だというのは、実は赤ちゃんの脳の研究で明らかになってきたものです。

脳科学から見ると、赤ちゃんの脳って、すごい。

新生児の脳は、すべての言語の音が認識できることがわかっています。英語だろうがフランス語だろうが中国語だろうが、ちゃんと区別がつくのです。

しかし、成長するにつれて、しだいに脳の神経細胞やシナプス（神経細胞同士の接合部）の数も減ってきます。これは、お母さんが使っている言葉など、普段聞いている音が重要で、それ以外の音や言語は「必要ない」と判断し、脳は神経のリストラをしていくためなのです。

「そうか！　赤ちゃんを語学の天才にするのは簡単だ。言語の音についての脳がリストラされる前に、いろんな外国語を片っ端から聞かせればいい」

そんなふうに考えて、様々な言語のビデオ教材を赤ちゃんに見せた研究があるのですが、結果はどうなったと思いますか？

なんと、赤ちゃんの脳にまったく効果なし。

人に直接話しかけられた場合より、映像授業のほうが効果は小さくなるのは予測されていましたが、小さくなるどころか「ほぼゼロ」だったのです。

つまり、赤ちゃんの脳は、３Ｄ（人と直接会って対面で話している音）から２Ｄ（映像の人が話している音）になった瞬間に、優先順位が低い情報として認識し、脳を発達させようとしなくなるのです。２Ｄと３Ｄでは脳の働き方が根本的に違ってくるということです。

映像授業を立体化するカギは「臨場感」

では、スマホから入ってくる平面情報（２Ｄ）を、どうすれば立体化（３Ｄ）していけるのでしょうか。

ぜひ、心がけていただきたいのは、ビデオ授業を通して先生が平面で語っているのを、頭の中では目の前にその先生が立体として存在していて授業をしているイメージを持ちながら聞くということです。

この**「脳内3D勉強法」**、私のクリニックで実際に試してもらって認知機能のデータを取ると、明らかに効果があることがわかります。

言葉に臨場感が出てきて、脳への伝わり方が違うのです。

はじめはウソでもいいから、目の前にその人がいて、自分がその授業を受けているというイメージを持つのがコツ。

そして教えてくれる内容や教え方についても常に感想を持ち、そこにできるだけ熱い感情も込める。こうした**擬似的な臨場感によって、死んだ情報を生きた情報に変えられるのです。**

スマホで勉強というと、人間味や感情を捨て去って、目先の効率だけを追い求める機械的なものだと誤解する人が多いのですが、ここまでお読みいただき、私が提唱するスマホ勉強革命は、むしろその正反対であることがおわかりいただけたと思います。

スマホを使って、医者が患者に語る励ましの言葉を再現する……。勉強を機械的な受け身の作業ではなく、能動的な活動にする……。アハ体験でワクワクドキドキしながら興味深く勉強する……。ＰＡＲＴ１でお伝えしてきたことは、すべて極めて人間的なことばかりです。

なぜ、そのようなやり方が勉強の効率を上げるのでしょうか。それは、私たちの脳が機械ではなく、人間を人間たらしめている脳そのものだからです。しかし、スマホは機械です。だから、スマホを人間に合わせる使い方の工夫が必要なのです。間違っても人間をスマホに合わせようとしてはいけません。

PART 2
メンタル強化編

1

スマホで合格を勝ち取るメンタルトレーニング

七 メンタルを制する者は合格を制す

勉強の成果の半数以上を決めるのは、意欲の管理、メンタルの管理です。

いくら脳の認知機能にとって最適な勉強法を普段から実践していても、途中で投げ出してしまったら成果はゼロ。そして、投げ出したからゼロになっていく人がなんと多いことかと、受験生を専門に診ている心療内科医として、日々痛感しています。

超一流中学に合格し、普通にやっていれば東大に受かる可能性は十分にあるのに、あるときプツンと意欲の糸が切れてしまって勉強時間がゼロになりました……というような人が、入試が近づく秋から冬にかけて私のクリニックには多く訪れるのです。

そうならないために、**勉強は続けることが必須条件です。**

それも嫌々やるのではなく、興味深く、楽しく、前向きな気分でやる。そんな勉強の理想を実現できる最も有効な手段が、実はスマホなのだと、私は声を大にして断言します。

もちろん、ただ、スマホを使えばそれでいいというわけではありません。現状では、勉強に対する意欲や前向きな感情を奪い去っている、その主犯格ともいえる元凶がスマホであるのは否定しようがない事実です。

実際、受験勉強ゼロになってしまった人たちは、例外なくダラダラと何時間もスマホでネットサーフィンをしたり、動画を見続けたりしています。

だから、受験生の親はスマホを目の敵にする方が多いのですが、PART1で少しご紹介したように、脳科学やメンタル医学を適切に活用すれば、そのスマホによって、今度はそこから立て直すということが可能になるのです。

この章では、それをさらに発展させ、スマホを活用することで、いつでも楽しく前向きに勉強できる理想的な脳に変えていく方法についてもご紹介します。実践していただければ、きっとあなたの人生は変わります。

スポーツ選手の活躍の陰にメンタルコーチがいる

では、具体的には、どのようにすれば、スマホによって勉強を楽しく前向きに続けられるようになるのでしょうか。

それは、ひと言でいうと、**スマホにあなたの心を支えるメンタルトレーナーの役割を担ってもらう**ということです。

メンタルトレーニングが重要だというのは、私がいうまでもないことでしょう。メンタル面を強化すれば、やる気が持続し、脳が大きなパフォーマンスを発揮できるようになることは、みなさんもご存知だと思います。

この分野は圧倒的にスポーツが先導しています。

最近の話題では、テニスの大坂なおみ選手が全米オープンで優勝しましたが、その立役者としてサーシャ・バインコーチの存在が大きかったですね。

あるいは、フィギュアスケートの羽生結弦選手が、ピョンチャン・オリンピックで大けがから立ち直って金メダルを取りましたが、やはりブライアン・オーサーコーチの指導が抜群だったからだと高く評価されています。

この2人に共通しているのは、自分自身もしっかりとメンタル医学を学んだうえで、コーチとしてのアドバイスや声掛けにそれを全面的に取り入れていたということです。

メンタル面の強化が大きな成果をもたらしているのは、スポーツに限ったことではありません。

今、ニューヨークでは、ビジネスエリートたちが、メンタルトレーニングのスクールに通ったり、大企業の経営者が自分専用のメンタルトレーナーを雇用したりと、経済界でもメンタル面の管理が重視されています。

実際、こうした対策を取っていると、ピンチになったときも粘り強く、適切な経営判断を下すことができるため、かけた費用の数倍、数十倍に匹敵する大きな成果をもたらしていると話題になっています。

ただし、普通の社会人や受験生であれば、現実問題として、自分専用のメンタルトレーナーをつけるというのは金銭的に無理ですよね。

この問題を解決してくれるのがスマホなのです。

なぜなら、進化した現在の**スマホであれば、使い方次第で自分専用のメンタルトレーナーと同じ機能を果たすことができる**からです。

この章をお読みいただいたら、今日からスマホがあなたのメンタルトレーナーになってくれます。

6

未来の自分をスマホで励まそう！

まず、真っ先にやるべきことは、スマホで自分自身を励ますということです。

メンタルトレーナーの最も重要な任務は、置かれている状況に合わせて適切な激励の言葉をかけることです。

とくに、**アドラー心理学では、「エンカレッジメント」（勇気づけの言葉）と呼ばれ、メンタル面にも行動面にも大きな影響を与えるとして重視されています。スマホの機能を使えば、これがとても簡単にできてしまうのです。**

ただし、注意していただきたいのは、あなた自身がメンタル医学の正しい知識を持たないと、激励の言葉のはずが、その実、不必要なプレッシャーをかけることになってしまって結局は逆効果になる場合も多いのです。

まず、未来の自分に送る適切なエンカレッジメントの言葉が何なのか、メンタル医学から解き明かしていきましょう。

勉強を投げ出さない人が持っている「メタ認知能力」とは

世の中で自己向上欲求が高くて意欲的にバリバリ勉強できている人と、途中で嫌になって投げ出してしまう人……。その差は何でしょうか。

一番大きいのは、「メタ認知能力」だと言われています。

メタというのはラテン語で一段高いという意味。メタ認知とは、一段高いところから自分自身の心の動きを認知するということです。

たとえば、「今自分はイライラしているよね。イライラを静めるためにちょっとブレークしようかな」「勉強の意欲を失っちゃっているから、何か興味深く勉強できる工夫をしようかな」……これがメタ認知能力による心の変化です。

メタ認知能力が優れている人ほど、勉強がよくできる、学歴も高くなるし、仕事でも昇進しやすい、年収もアップしやすい、ということが次々と明らかになっており、ぜひとも高めたいものです。

たとえば、全米オープンで、大坂なおみ選手が劣勢に立ってしまって、「もう私はダメだ」というピンチのとき。バインコーチが「いやいや、スーパーショットはいらない。粘り強く、粘り強く返していけば勝てるんだ」と声をかけたら、あら不思議、そこからもう流れが変わっていった。そんな場面が何度もありましたね。

無理に強打をしてはいけない。粘り強く拾って、拾って、ラリーを続けていけば勝てる基礎的なグラウンドストロークのパワーがあるということは、改めてバインコーチが言わなくても、大坂なおみ選手は当然知っていることです。

では、知っていることを、試合中のあの場でなぜ言う必要があるのか。

大坂なおみ選手自身、メタ認知能力がもともと高い人だと思いますが、それでも全米オープンの大舞台で劣勢に立たされると、冷静さを失ってメタ認知能力が一時的に低下し、強打しようとした結果、ミスショットを繰り返していました。

そんな状況から本来のメタ認知能力を取り戻すには、バインコーチがあえて声をかけて知らせる必要があったのです。

こんな「通知」がメタ認知能力を助ける

同じような状況は、あなた自身にも間違いなくあるはずです。

少なくとも勉強を投げ出そうとした瞬間には、適切なエンカレッジメントの言葉が必要です。これがスマホさえあれば自分自身で送ることができるわけです。

私のクリニックでは、重いうつ病の方を除き、ほとんど全員にやってもらっていますが、スマホの操作自体は驚くほど簡単です。通知の機能を利用すればいいだけです。どんなメッセージを送るかというと、たとえば、毎朝、起床する時間になると、私のスマホには必ず、

「カーテンを開けて、ヤル気全開！」

という通知が出ます。

カーテンを開けて目に光を入れると、睡眠ホルモンのメラトニンから、活動するためのセロトニンという脳内ホルモンに切り替わります。これによって自動的に意欲が

高まるうえに、それを意識するとさらに充実した一日のスタートを切れます。

私自身はこうした脳機能の専門家ですので、もちろん、わざわざ通知しなくても、知識としては百も承知です。

それでも、スマホの通知を始める前は、日によってはカーテンを開けず、ウダウダしながら朝のひとときを無駄に使ってしまうこともありました。知っていても、できないときもある……。それが人間というものです。

だから、毎朝、「カーテンを開けて、ヤル気全開！」というメッセージを自分自身に届けてあげる必要があるのです。

ただし、手間はほとんどかかりません。「毎日、繰り返し通知する」という設定にしているので、未来永劫、自動的に通知してくれます。

スマホに毎朝「カーテンを開けて、ヤル気全開！」と通知を表示するようになってから、私の朝は比較にならないほど充実したものに代わり、その効果を実感した私は、数年前からクリニックに通ってきてくれている受験生にも、同様の方法で自己管理のためのエンカレッジメントをスマホに表示するよう指導しています。

具体的には、「カーテンを開けて、ヤル気全開！」のほかにも、

「朝の音読、毎日頑張れ！」

「集中力アップを心がけよう！」

「チャレンジ精神で頑張ろう！」

「勉強中も立ち上がれ！」

「休憩中は積極的に歩こう！」

「興味深く楽しく学んでいこう！」

「未来のことだけを考えよう！」

「自分ができることだけを意識しよう！」

「夜は復習を重点的に行おう！」

「夜更かしせずに、早く寝よう！」

などなど、一人一人の受験生の必要に応じてエンカレッジメントのメッセージを工夫し、必要な時刻に通知されるように設定しておくのです。

これによって、受験生の自己管理能力は飛躍的に高まり、東大や医学部などの志望

校に次々と合格してくれました。その効果の大きさには、考案した私自身も驚かされています。

自己管理能力を高めたい人、誘惑や不安に負けないタフな心を養いたい人、何事も三日坊主になってしまう飽きっぽい人など、何らかの形でご自分のメンタル面をパワーアップさせたい人は、この方法（メンタル強化カレンダー通知術）が絶対に取り入れる値打ちのあるものだと強くおすすめします。

スマホに好きな時間に好きなメッセージを表示することは、工夫次第でいろんなアプリで可能ですが、最も手間がかからないのは、Googleのカレンダーを使うことです。また、ほぼ無限に項目を増やせるうえに、繰り返す設定もとても簡単で便利です。さらにアンドロイド端末はもちろん、iPhoneでも利用できます。こうした利便性を考慮し、私自身も普段からGoogleのカレンダーを使っています。

ただし、カレンダーやアラームのアプリなら、何を使っても同様のことが簡単にできます。ですから、クリニックで指導している受験生には、自分で使い慣れているアプリがある場合は、それを工夫してメッセージを表示するよう指導しています。

自分に励ましのメッセージを送る方法

カレンダーアプリに「予定」を入力し、「毎日」「繰り返し」設定する
（画面は Google カレンダー）

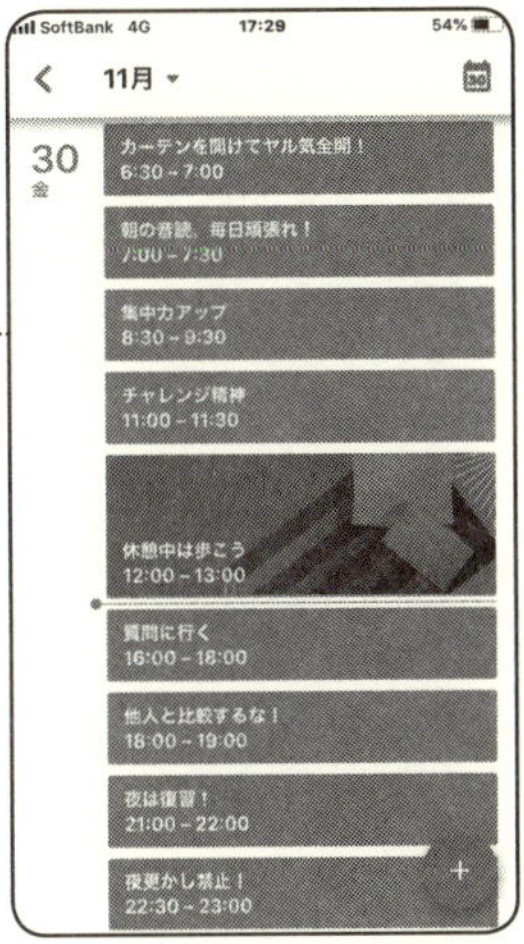

↓

指定時間にメッセージが毎日通知される

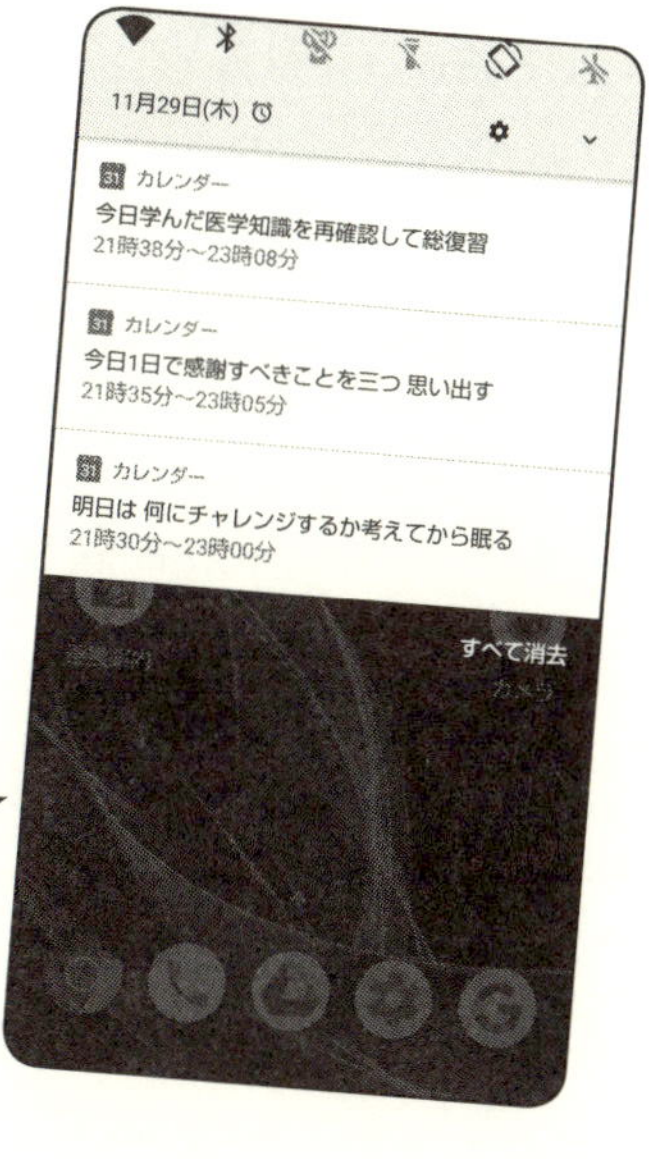

初公開！
私（吉田たかよし）のカレンダーの「通知」画面をお見せします！

エンカレッジメントの通知を表示するには、どのように設定すればいいのか、Googleのカレンダー機能を例に取り、ここで簡単にご説明しておきましょう。

私はスケジュール管理にもGoogleのカレンダーを利用しているため、普段使っている予定用のカレンダーとは別に、「メンタルトレーニング」と名前をつけた専用のカレンダーを設定しておきます。そこに「カーテンを開けて、ヤル気全開！」という名称の予定を朝6時30分から毎朝繰り返すよう入力しておき、カレンダーの通知をオンにしておくと、毎朝、6時30分になると「カーテンを開けて、ヤル気全開！」という通知がスマホに表示されるわけです。

あるいは、朝7時に「朝の音読、毎日頑張れ！」を表示したければ、朝7時に「朝の音読、毎日頑張れ！」という名称の予定を入れておけばいいのです。

入力できる予定はほぼ無限なので、表示できるメッセージもほぼ無限です。しかも、慣れればあっという間に入力できます。

善は急げといいます。エンカレッジメントを一つ、今すぐあなたのスマホに設定してみましょう。

朝の予定に「音読」を入れる

設定は簡単なのですが、大事なのは表示する内容です。

スマホに表示するエンカレッジメントのメッセージで、どのように自分を変えていけばいいのか、イメージをつかんでいただくため、クリニックに来られる受験生のみなさん全員に「朝の予定」としてやっていただいている音読を例に取り、ご紹介しましょう。

私自身の場合は、毎朝、カーテンを開けて10分たち、洗顔なども終わるくらいの時刻になると「朝の音読、頑張ろう！」というメッセージがスマホに表示されます。それが目に入ったら、5分ぐらいの短い時間ですが、専門の心療内科学や脳科学の中で、これは記憶しておいたほうがいいという文章を音読しながら暗記するようにしています。

音読の最大の効果は、脳幹網様体《のうかんもうようたい》という脳全体のスイッチに当たる部分をオンの状態に切り替えることです。これによって、脳の覚醒度が一気に上がり、意欲をはじめ思考力や判断力など、脳の様々な機能が活発に働き始めてくれるのです。そのためには、最低でも5分間の音読が必要です。

そんなに短い時間でいいのかと、拍子抜けした人もいるかと思います。でも、実際にやってみるとわかりますが、音読はちゃんとやると非常に疲れます。その分だけ、脳は高度に活動してくれているのです。

さらに、脳への効果を十分に引き出すには、次の3条件を満たす必要があります。

その1　立ち上がって行う（座った状態はダメ）
その2　姿勢を正して行う（背筋を伸ばし、アゴを引いて、前を向きながら）
その3　大きな声で滑舌よく音読する

これら3条件を満たしながら音読をすると、たった5分間でも、夏ならかなりの汗が出てきます。

また、腹筋や下半身の筋肉を使うので、肉体的にもかなり疲れます。また、脳も音読によってかなり複雑な情報処理を行うため疲れてくるのが自分でもわかります。だから、長くても10分が限界なのです。逆にいえば、10分以上も平気でできてしまう場合は、3条件のどれかが不十分になっているはずです。

もちろん、受験生にも3条件をクリアーしながら音読をしてもらっています。ただし、とくに意識をしていないと、ついつい声が小さくなり、姿勢も悪くなり、気づいたら座り込んでいることもあります。

そこで、3条件が定着するまでは、スマホに「音読：立ち上がる！　姿勢よく！　大きな声で！」と表示してもらっています。

何を音読するかはもちろん受験生次第です。英語の構文を音読している人が多いのですが、古文の文法や漢文の句形でもいいし、数学の三角関数の公式を音読している人もいます。こちらも、何を音読するかをあらかじめ決めておき、「英語の構文を音読」「古文の文法を音読」といった具合に、スマホに具体的に表示したほうが、より確実に実行できます。

音読が脳によいということは多くの方がご存知だと思いますが、三日間以上も続けられる人はごくわずかです。**継続のコツは、スマホで具体的にやることを指示し、ただそれに従うだけという形にしておくことです。**

やり方としてダメなのは、その場で何をやるか考える余地を残しておくことです。私は、音読を通して、このことを学びました。

私が音読をはじめたのは、30年ほど前、NHKのアナウンサーになったときです。ナレーションの技術を上げるため、新聞を音読するよう研修所の先生から指導を受けたのです。やってみると、朝起きたら、滑舌が良くなるのはもちろん、脳の働きがアップして、とくに午前中の仕事がはかどるようになりました。こうして音読の効果を十二分に理解しているつもりだったのです。

でも、何日かたつと、いざ、朝が来ると、「音読は実は夜にやったほうがいいのではないか……」、「昼間、アナウンス業務をするのだから、朝から音読しなくてもいいのではないか……」などという考えが、次々と頭に浮かんでくるのです。

心療内科医になった今にして思えば、音読という面倒な作業をサボるための言い訳を脳が自動的に生み出していたわけです。こうした現象が起こるため、その都度、考えて行動を決めるやり方では、必ずいつかやめてしまうのです。

実際、朝の音読は、アナウンサー時代のほうがはるかに必要性は高いのに、スマホでエンカレッジメントの通知を出すようになった現在のほうが、達成度は間違いなく上回っています。その場では考えずにただ通知に従う……。これがスマホで自己管理を行う極意なのです。

ですから、受験生の場合は何を音読するか、必ず具体的に通知に書き込むように指導しています。

なかには大量の字数を通知できるアプリもあるそうで、音読する文章を丸ごとスマホに表示している受験生もいました。あるいは、音読する文章を写メで撮っておき、スマホで読むというのもおすすめです。音読する教科書などを手に取るというステップが省ける分だけ、達成率はアップしてくれます。

過去の自分が未来の自分に時空を超えて叱咤激励

このスマホのメンタルサポートが持つもう一つの決定的な長所は、「自分が自分を励ます」ということです。

毎朝スマホに表示される「音読を行う」というメッセージは、過去の自分が入力したこと。つまり、自分で決めたことですよね。自分で決めたことは、「ちょっとつらいな」と思うぐらいならできちゃうのです。

実際、ある受験生は、朝起きたときに、かつては親に「はい、音読しなさい」と言われていたのですが、そのときはまったくヤル気が起こらず、達成率はほぼゼロだったそうです。「音読しようと思っていたのに、お母さんに言われたから今日はヤル気が失せた。もうやらない……」という会話が日常茶飯事だったのです。

人間の心理には、他人に言われたことには従いたくないという一種の反動形成のような仕組みが存在します。だから親に言われると腹が立つわけです。でも、自分が決めて自分が入力したメッセージならそれがない。**自分が決めたこと、自分に言われたことなら受け入れられるのです。**その差は決定的です。

バインコーチも、ブライアン・オーサーコーチもともに抜群の人間力があり、選手の心を捉えています。だからこそ、そのひと言が大きな力になってくれるわけですが、これは誰でもできることではありません。他人が他人の心に働きかけるというのは、実はとっても難しいことなのです。

残念ながら多くの親は、わが子の心を完全に掌握しているわけではありません。だから、言うことを聞いてくれないのは、ある意味で必然の結果なのです。

もちろん、スマホはバインコーチやブライアン・オーサーコーチには遠く及びません。しかし、「過去の自分が未来の自分をコーチングする」という方法なら、彼らのような人間力がなくても、確実に一定の効果は上げられます。それを実現できるのがスマホの通知機能なのです。

七 プライム効果で脳を望ましい状態に誘導する

スマホで表示するエンカレッジメントのメッセージを利用して、自分自身の行動や心をコントロールする方法をご紹介してきましたが、さらに絶大な効果を、さらに確実に発揮させるためには、そのような効果がなぜ生じるのか、脳科学によるメカニズムも理解しておく必要があります。

ここまでご紹介してきた方法は、脳科学の面からいうと、プライム刺激とターゲット刺激と呼ばれる脳機能の作用を利用しているものなのです。

プライム刺激とは元の刺激という意味で、これによって脳内で自動的にもたらされるターゲットとなる次の刺激がターゲット刺激と呼ばれているものです。といっても、この説明だけではまったく意味が伝わらないと思うので、わかりやすい具体的を示しながら簡潔に説明しましょう。

たとえば、勉強中にサッカーのことばっかり考えてしまうという受験生がいます。彼の場合は、「サッカー」という言葉が頭に思い浮かぶと、それがきっかけになって、「大迫選手」とか、「長友選手」という言葉を自動的に連想してしまいます。この場合は、連想のきっかけになった「サッカー」がプライム刺激にあたり、それによって連想された「大迫選手」や「長友選手」がターゲット刺激に相当するわけです。

プライム刺激とターゲット刺激は、脳の神経細胞が密接につながっているので、自動的に連想が進んでしまうわけです。

ただし、いったん「大迫選手」を思い出すと、今度はこれがプライム刺激となり、ターゲット刺激として「(大迫) 半端ないって」という流行語を思い出し、またまたこれがプライム刺激となって、「うまいトラップで得点を決めたロシアワールドカップ」を連想し、さらに「次はカタールワールドカップ」……とプライム刺激とターゲット刺激が交互に入れ替わりながら、鎖のように無限に連想が広がっていきます。かくして勉強をしているつもりだったのに、実際にはサッカーのことだけを考えているうちに時間が過ぎ去っていった……という残念な現象が起こってしまうわけです。

プライム刺激とターゲット刺激の連鎖は、とてもやっかいなものだと思われたかもしれませんが、悪いことばかりではありません。逆にこの連鎖を逆手に取れば、勉強に集中することもできるのです。これが、ここまでご紹介してきたスマホの通知機能によるメンタルコントロール術の脳科学的なメカニズムなのです。

たとえば、スマホで「朝の音読」という言葉を脳に与えると、これがプライム刺激となって、「朝の時間を大事にしよう」、「脳機能をアップさせよう」、「勉強の意欲を高めよう」といった関連する事柄をターゲット刺激として自動的に思い出します。さらにこれがプライム刺激となって、望ましい心理状態や行動の選択が脳内で次々と実現していくのです。

サッカーのことばかり考えてしまった受験生との違いは何かといえば、ターゲット刺激が「サッカー」なのか、「朝の音読」なのか、たったそれだけのことです。この分水嶺ともいえる最初の刺激を望ましいものにしてあげれば、結果は180度変わるということです。

スマホでやることは、決まった時刻に決まったエンカレッジメントを当てるという、実にささいなことに過ぎません。しかし、それでメンタルの山脈にある分水嶺の部分さえ掌握すれば、心理状態や行動を大きく変えられるというわけなのです。

このように、**勉強に対して意欲的に取り組んでいくように自分の考えや感情を誘導していくためには、望ましいターゲット刺激を脳に与えていくことが大変有効です。そのターゲット刺激を、必要な時間に自分の脳に供給することが、スマホだったら簡単にできるわけです。**

だから、同じ言葉やメッセージでも、1日1回に限る必要はありません。自分にとって必要度が高いプライム刺激であれば、1日に何度も出てくるように設定しておけばいいのです。

たとえば、「集中力を高めるよう心がける」を1日に4回表示したければ、Googleのカレンダー画面を開き、「集中力を高めるよう心がける」という名称の予定を4回作成すればいいだけです。コピー&ペースト機能を利用すれば、あっという間にできちゃいます。これも、進化した現在のスマホのありがたいところですね。

もちろん、このエンカレッジメントは、もう十分に自分の脳の中に刷り込まれていると感じたら、その時点で通知をオフにしてもいいし、「1週間に1回」など頻度を落とす設定に変えてもいいですね。

こうして**必要なプライム刺激を必要な頻度で脳に与えていく**のです。

脳の刺激となる言葉は、長い文章ではなく、短くするのがコツです。たとえば「英語強化」など、自分がわかる最小の文字数にします。

パッと見てピンとくる言葉にすると、脳はその情報を簡単に受け入れることができます。そのような場合にターゲット刺激を生み出すパワーがより大きい、つまりプライム刺激としての効果が大きいので、エンカレッジメントとして望ましいのです。

ネガティブなループ思考を解くのにも有効

私がスマホで通知するようにおすすめしているエンカレッジメントのメッセージは、大きく分類すると2種類があります。一つは「朝の音読」「カーテンを開ける」といった普段やるべきことのアドバイス。もう一つは「チャレンジ精神」「集中力アップ」といったメンタル面へのアドバイスです。

ここまでは、前者のやるべきことのアドバイスについて先にご紹介してきました。なぜかというと、こちらは誰でも簡単に取り組めるからです。実際、お読みになったあなたも、これなら手軽なのですぐに始めてみようと思われたかもしれません。

反面、私が宣言した「勉強に革命を起こす」というほどのインパクトは感じられなかったはずです。「大げさなタイトルをつけたな……」なんて評価を下すのは、ちょっと待ってください。

スマホで自分を叱咤激励するエンカレッジメントの真骨頂は、後者のメンタル面のアドバイスのほうなのです。

こちらは、私が勉強に革命を起こすことができると自信を持っておすすめするスマホの活用法です。なぜなら、やり方次第で、あなたの心を根本的に変革し、生き方そのものまで変えてしまう力を持っているからです。

たかだかスマホでアドバイスを通知しただけで、なぜ、メンタル面に劇的な変化が生じるのか。その原因もプライム刺激とターゲット刺激による連鎖反応にあります。たとえば、「頑張ってもダメだ」とネガティブなことを考えると、それがプライム刺激になって、「そういえば、この前の模試の結果もよくなかった……」などと具体的なネガティブな体験を思い出します。そうすると、それがまたプライム刺激となって、「友人からひどい点数だと嘲笑された……」という別のつらい体験を思い出してしまう……。こうしてネガティブなことばかりがプライム刺激とターゲット刺激のループみたいになって、頭の中をぐるぐると駆け巡ってしまうのです。

このような連鎖反応が起こっていることは、古くはアドラー心理学の創始者、アルフレッド・アドラー医師が対人関係の悩みに苦しむ人たちの心理を分析し解き明かしています。また、現代医学でも、うつ病患者の脳内ではこのような連鎖反応が常に起きていることが実証されています。

もちろん、受験の不安で集中できない人も勉強のやる気が出ない人も、大なり小なり類似した**ネガティブな感情のループが脳の中に存在しています。だから、スマホによるエンカレッジメントを適切なタイミングで与えることでそれを断ち切れば、それだけで劇的な効果が得られるわけです。**

・試験当日の朝におすすめの通知

私のクリニックについていえば、この効果を利用することで画期的だといえる大きな成果を生み出しているのが、誰もがピリピリする入試当日のメンタル管理に、スマホによるエンカレッジメントを利用する取り組みです。

多くの受験生の脳内では、入試の当日、「落ちるかもしれないと不安になる」→「緊張してドキドキしている」→「これじゃあ、ますます落ちちゃう」→「もっと緊張しちゃった」→「ますますヤバいよ」→→→というネガティブな連鎖反応が起きています。

多くの親や先生は、「良くないことと考えちゃダメだよ」とアドバイスしますが、人間の脳の仕組みからいえば、それはそもそも無理な話なのです。

そこで、入試当日の朝には、そのループを断ち切るためのメッセージを次々とスマホに表示するようあらかじめ設定しておき、不安になったり緊張したなと思ったら、即座にメッセージを読むようにするのです。不安や緊張を自分の意思で脳から払拭することはできませんが、メッセージを読むことでネガティブな思考を上書きし、薄めることはできます。

心療内科の私のクリニックには、そもそも不安や緊張に弱い受験生が多いのですが、この方法を取り入れてから、劇的に合格率がアップしました。

実際、受験で活用してみた受験生は、「メッセージを読んでいるうちに緊張していることを忘れていた」、「メッセージの指示を実行するのに精一杯になって、落ちるかもしれないことを考える余裕がなくなり、結果として不安が消えた」などと話しています。

もちろん、入試当日に表示するメッセージは、得点をアップするために心がけることに限定してください。そうすれば、不安のループを断ち切ることと併せて一挙両得です。

具体的な内容は、受験生一人一人にとって必要な事項を羅列すればいいのですが、標準的には以下のようなコメントがおすすめです。

「ケアレスミスがないように丁寧にチェックする」
「1問1問の時間配分をしっかり行う」
「解けそうもない難問は捨てる勇気を持つ」
「あきらめずに最後まで粘り強く頑張る」
「休み時間は軽く身体を動かして脳をリフレッシュさせる」
「朝食・昼食は噛む回数を増やして脳の血液循環をアップさせる」
「終わった科目のことが脳裏によぎったら、次の科目のことを考えて上書きする」

これに対し、入試の当日には絶対に通知してはいけないエンカレッジメントもあります。意外かもしれませんが、以下は脳を不合格に導くNGメッセージなのです。

「必ず合格する」
「得意科目は最低でも80点以上取る」

「苦手科目でも絶対に50点は確保する」

多くの受験生がこのような目標を立てて入試に臨んでいますが、試験の当日に意識したら脳機能に重大な悪影響を及ぼすため、メンタル面が不安定になって、場合によっては得点能力の大幅な低下につながります。だから、もちろんエンカレッジメントのコメントとしてもNGなのです。

なぜかというと、次の「3つのC」の項目で詳しく説明しますが、ご紹介したNGコメントはいずれも、自分の意思だけでは実現できないことだからです。自分でコントロールできないことに意識を振り向けると、心が不安定になり脳の働きも悪くなることが、メンタル医学の研究で明らかになっているのです。

同じ理由で、「緊張せずに試験を受ける」というメッセージもダメです。人間の脳は、自分の意思で緊張を和らげることはできません。そんなことができるくらいなら、誰も緊張で苦労することはないでしょう。それどころか、緊張しないでおこうと思えば思うほど、脳は緊張に意識を振り向けてしまうので、逆効果なのです。

では、入試の最中に緊張しないようにするには、スマホに何を表示すべきなのでしょうか。

私のクリニックでは、受験生全員に**「5秒間、目を閉じて、1、2、3、4、5と数えて、ゆっくり息を吐く」という緊張防止の黄金法則と名づけたメッセージを表示する**ように指導しています。

なぜ、これを行えば緊張が和らぐのか、医学的な効果についてはこの章の最後に詳しく説明しますが、ここで強調しておきたいのは、受験生本人の意思だけで確実に行えることばかりだという点です。

このことも含め、次の項目で取り上げる「3つのC」は、スマホで勉強革命を起こすための根幹となる重要な研究結果です。ぜひ、しっかりとお読みいただきたいと思います。

自分を励ます言葉は「3つのC」に照らし合わせる

日々、スマホを使ってエンカレッジメントを実践するということはとても大きなメリットがあるのですが、注意も必要です。この世の中に一方的に良いものなんて存在しません。

スマホでメンタル面の叱咤激励を行うことは、いわば劇薬です。正しく行えばあなたの人生を劇的に豊かにしてくれますが、やり方を間違えればイライラがつのり、最悪の場合はうつ病を引き起こしてしまいます。

だから、形だけ取り入れるということは、しないでください。今のあなたの精神構造の中で、どんなメッセージがどのタイミングで必要なのか、メンタル医学をよく理解した上で、適切な方法でスマホで通知するようにしてください。


まず、メンタル面に関してスマホで表示するエンカレッジメントの内容については、先ほど少しふれた「3つのC」に、徹底的にこだわっていただきたいのです。

「3つのC」とは、アメリカのハーディネス研究所のマッディ博士の研究によって解き明かされた心を強くする効果を持つキーワードのことで、具体的にはControl・Commitment・Challengeの3つを指します。いずれも頭文字がCなので、「3つのC」と呼ばれているのです。

分析の対象となったのは、アメリカのＡＴ＆Ｔという電話会社の傘下にあった地域事業会社の従業員です。アメリカのＡＴ＆Ｔは、かつての日本の電電公社と同じように電話事業の独占企業でしたが、独占体制が見直され自由競争へ突入したときに、従業員のメンタル状態がどのような変化を遂げたのか詳細に検証が行われたのです。

ご想像の通り、自由化による厳しい競争によってリストラの嵐が吹き荒れ、落ち込む人が増えて、うつ病の発病率も上がりました。でも、なかには逆境をバネにして精神的に成長し、バリバリと仕事ができた人も少数ながらいたのです。

こうした逆境で心が折れてしまった人と粘り強く頑張れた人を比較した結果、普段、どのようなマインドを持つべきなのかが明らかになりました。それが「３つのＣ」なのです。

これを理解しておけば、スマホを使って自分自身にメンタル面のアドバイスを与えるときに、どのような言葉なら心を強くできるのか、どのような言葉なら自分の心をダメにしてしまうのか、正しく判定できるようになります。

「３つのＣ」がどのような意味を持つのか、順にわかりやすく説明いたしましょう。

❶ Control（自分の意思で実現できることだけにこだわりを持つ）

「3つのC」の中で最も重要なのがControl（コントロール）です。

スマホで自分を励ます場合は、必ずこのコントロールの方向性に合致したメッセージだけを厳選して表示するようにしてください。そうでなければ、かえってメンタル状態が悪くなって、やる気がなくなってしまいます。

コントロールとは、自分が実現できることだけにこだわりを持つということです。自分の意思で達成できることを求める場合は、意欲を高めて努力すれば果実が得られます。だから脳内で健全な意欲が養われるのです。

しかし、自分の力で実現できるとは限らないこと執着する場合は、果実が得られるかどうかはウン任せです。ウンが悪ければ悲しい結末になってしまいます。だから不安がつのり、執着が増せば増すほど心が消耗してしまいます。また、努力をしたからといってうまくいくとは限らないので、結局は意欲がなくなり、最悪の場合はうつ病になることもあるのです。

スマホで自分を励ますとき、受験生が失敗しがちなのは、入試当日のエンカレッジメントのところでもふれましたが、「必ず合格する」というような内容を入力してしまうことです。

　これはコントロールという点で最悪です。なぜなら、合格とは自分の力だけで実現できるものではないからです。いくら努力しても、定員を超える他の受験生たちが自分以上の点数をとれば不合格になるというのが、受験の厳しい現実です。心の奥底でそれがわかっているから、合格に執着すればするほど不安になり、イライラがつのるわけです。だから、スマホに「必ず合格する」というメッセージを表示するというのは、メンタル面を悪化させるだけのとても愚かな行為なのです。

　ニュースを見ていると、「必勝」と書かれた鉢巻を締めて勉強させる学習塾の映像が出てくることがあります。「必勝」も「必ず合格する」と意味は同じで、脳内で不安といらだちが増大し、メンタル面が不安定になるだけです。メンタル医学を学ばず、前近代的な精神論に頼って教育をしている学習塾には、大いに反省して方針を切り替えていただきたいです。

　社会人も同じで、**「絶対昇進する」「絶対売り上げを上げる」などは、自分の意思だけで実現できることではないので、執着心を刺激してはいけません。**だから、スマホに表示させるエンカレッジメントとしても不適格なのです。標語として書いた紙を自室などに貼っている人もいますが、即刻やめたほうがいいでしょう。

では、コントロールに合致するメッセージとは、どんなものでしょうか。

たとえば、東大に合格したければ、合格率を上げるために自分の意思で確実に実現できることを考えるのです。具体的にいえば、**「集中力を高めるように心がける」**、**「興味を持ちながら学ぶ」**、**「ケアレスミスをしないように注意する」**といったことなら、誰でもその気になれば確実に実現できるはずです。つまり、コントロールに合致することなのです。

東大に合格することも、会社で昇進することも、実現したいのは当たり前のことです。だから、そんな甘美な果実をスマホに表示したら、手に入れたい欲望が暴走するだけで、謙虚に努力するマインドが失われてしまいます。

ぜひ、果実を手に入れたければ、実現するためには自分に何ができるのか、よく考えて、スマホのメッセージにしてください。

❷ Challenge（チャレンジ精神）

逆境でも前向きに努力をし続けられるタフな心を手に入れるために、スマホに表示するメッセージを選ぶ上で2つ目に大事なのが、Challenge（チャレンジ）です。

チャレンジ精神が大事だということは、どなたも漠然と感じていることだとは思いますが、現在では脳科学の研究によって、どのような良い効果がどのように生じるのか、かなり詳細に解き明かされています。

チャレンジ精神の効果についても、スポーツの試合を脳科学の観点から分析することで発展してきました。

スポーツの試合では、抜群の実力を持っていると誰もが認めるチャンピオンが、実力で劣るチャレンジャーに負けるという波乱がたびたび起こります。

チャンピオンが「自分は勝って当たり前の選手なんだ」という考えを持つと、ひょっとしたら負けるかもしれないという不確実性は恐怖へと変わります。そうすると、脳は自由闊達《かったつ》にものごとを考えたり感じたりすることができなくなり、とくにスポーツの場合は筋肉が固くなって、パフォーマンスが悪化してしまうわけです。

一方、「自分は勝つことが約束された特権階級の人間ではないが、少しでも勝つ確率を高められるよう精一杯、努力しよう」という健全なチャレンジ精神を持っていると、勝敗の不確実性は負けるかもしれない恐怖から、勝てるかもしれないという喜びに変わります。だから脳は前向きに競技に取り組めるので、実力以上のパフォーマンスを発揮できるのです。

私たちの脳内には、これ以上になるなら嬉しい、これ以下になったら悲しいという基準が一人一人存在します。これを脳科学で「参照点（レファレンス・ポイント）」といいます。

「自分は勝って当たり前の人間だ」と思っていると、試合に対する参照点は勝利することに置かれるため、後は敗れる不確実性の分だけ下がっていくだけです。その結果、ノルアドレナリンという脳内ホルモンが増加し、イライラがつのってしまいます。

一方、チャレンジ精神を持っている人は参照点が敗れることに置かれるため、勝つかもしれない不確実性は脳内で快感ホルモンのドーパミンの分泌を促します。だからオリンピックでは、奇跡の逆転劇がたびたび起こるのです。

では、チャンピオンが確実に勝利するには、どうしたらいいのでしょうか。それは「自分は勝つのが当たり前の選手だ」というプライドを脳内から綺麗さっぱり捨て去ることです。実はリオ・オリンピックでは、こうした心理の変化が試合結果に反映され、専門家の間でも注目を集めているドラマが数多くあるのです。

この効果が最も典型的に現れたドラマは、バドミントンのタカマツペア（高橋・松友組）が大逆転して金メダルを取った決勝戦です。

彼女たちは世界ランキング1位でオリンピックに臨み、マスコミの論調は「金メダルを取って当たり前」というものでした。当然、彼女たち自身の心理にもそのような側面はあったと思います。こうした影響が如実に現れたのが決勝のオランダ戦で、二人は明らかに守りに入ってしまって大苦戦。しかし、あと2点で負けという崖っぷちに追い込まれた瞬間に、人が変わったように動きが良くなり、信じられないような連続得点で金メダルをもぎ取りました。

試合直後のインタビューで、松友選手は、「どうせ負けるんだったら、相手に何かうわーっと思わせるようなプレーをしたいと思いました」と答えていますが、まさしくチャンピオンとしてのプライドが消え去り、チャレンジ精神に切り替わったことがよくわかります。あの奇跡の大逆転は、脳内の参照点の変化がもたらしたものだったのです。

このほか、リオ・オリンピックでは、柔道やレスリングでも、たびたび最後の土壇場で逆転するというドラマがありました。これらも負けを覚悟した瞬間にチャレンジ精神がよみがえったため成し遂げられたことだと指摘されています。


コントロールのところでスマホに「必ず合格する」と表示するのは最悪だと強い言葉で断じましたが、これは自分の意思だけで達成できないというだけでなく、チャレンジ精神にも反しているから最悪なのです。

このような標語を繰り返し眺めていたら、受かって当たり前だというプライドだけが肥大してしまい、やがて、「でも、ひょっとしたら落ちるかもしれない」という不確実性の恐怖が健全な心を蝕《むしば》んでいくのです。

そうではなく、「合格の可能性をほんの少しでも広げるように目の前の勉強を頑張る」といった言葉が、チャレンジ精神を育てるメッセージです。もちろん、細かい表現はご自分で考えていただきたいのですが、必ず空虚なプライドに負けず、徹底的にチャレンジ精神にこだわった言葉になるように工夫をこらしてください。

わかりやすいように、エンカレッジメントのメッセージとして悪い例と良い例をいくつか示しておきましょう。

×「東大に合格する」
○「東大を目指して努力する」

×「部長に昇進する」
○「部長にふさわしい実力を身につける」

×「英語のテストで80点以上をとる」
○「英語のテストで80点以上をとれるように毎日予習復習する」

×「大きな商談をまとめる」
○「大きな商談をまとめられる人間力を養う」

×「クラスで1番の成績を取る」
○「クラスで1番努力する」

❸ Commitment（自我関与度）

「3つのC」の最後はCommitment（コミットメント）です。メンタル医学では「自我関与度」という難解な訳語がつけられていますが、「関与の程度」といった意味だと思っていただいて間違いはありません。「結果にコミットする」というキャッチフレーズのテレビコマーシャルを放映しているフィットネスクラブがありますが、これも「結果に関与する」という意味です。

なぜ、コミットメントが重要かというと、生きていればどなたも逆境に立たされることがありますが、そんなときに粘り強く頑張れるタフな心が養えるからです。

たとえば、「授業中に手を挙げて質問する」というのは、生徒が積極的に授業に関与するわけですから、極めてコミットメントが高い行為だといえます。

どなたも経験があると思いますが、手を挙げるときはドキドキします。トンチンカンな質問をしたら恥ずかしい……。このタイミングで質問したら迷惑かもしれない……。いろんな不安が交錯し、その分だけ脳内でストレスが高まるのです。

　でも、こうした経験を繰り返すと脳が鍛えられるため、**常日頃、コミットメントの高い生活をしている人は逆境に陥ってもたくましく乗り越えることができるわけです。**

　もちろん、受験生の場合は、普段のコミットメントによって、入試当日に脳がより高いパフォーマンスを発揮できるということです。


　メンタル医学では、精神が回復する力を「レジリエンス」と呼び、よくバネにたとえて説明がなされます。バネは少し伸ばすだけなら元に戻りますが、伸ばしすぎるともう元には戻りません。精神的なストレスに対する精神の反応もよく似ていて、少々のストレスなら元に戻りますが、ある限界を超えるとうつ病になってしまいます。

　思い出していただきたいのは、バネは普段から適度に伸び縮みさせておくと柔軟性を保てますが、まったく固定していると柔軟性がなくなって、ちょっと引っ張っただけで元に戻れなくなります。心も同じで、普段から適度に負荷をかけておくとより柔軟になり、レジリエンスが高まってイザというときに踏みとどまれるわけです。その負荷に相当するのが、常日頃のコミットメントなのです。

だから、スマホを通して自分に呼びかけるメッセージには、コミットメントを促す内容をどんどん盛り込むようにするべきです。

私のクリニックでは、入試本番での心の強さを養うため、普段は「塾や予備校の先生に質問に行く」ということを第一段階の目標にしています。さらに、それができるようになったら次の段階として、よりプレッシャーのかかる「授業中に手を挙げて質問する」ということを目標にしてもらっています。

その場合のスマホのエンカレッジメントは、たとえば、講師室などへ質問に行く15分前に「質問に行く」と通知されるように設定しておくわけです。また、質問に行くためには前もって質問を考えておかないといけませんから、その日の朝に「質問を考える」と通知する必要もあります。

社会人の方でしたら、「会議で手を挙げて発言する」はいかがでしょうか。そのメッセージを会議が始まる10分前にスマホに表示するのです。

毎週月曜日の13時から定例会議がある会社なら、月曜の12時50分に「手を挙げて発言する」が毎週通知されるように設定しておくと、コミットメントが高い生活に自分自身を誘導することができます。

あるいは、上司と定期的に打ち合わせの機会がある人なら、その直前に「必ず1つは提案する」というメッセージを毎週通知する設定にするというのもいいでしょう。「部長、私は来週、こんなことに挑戦しようと思うんですけれど、どうでしょうか」などと、必ず1つは自分から提案をするわけです。部長から一方的に指示を仰ぐより、遥かに大きなコミットメントとなります。

人間の脳は、遠い未来については「必ず質問に行こう」などと前向きに努力する自分でありたいと考えます。その一方で、いざ目の前の現実となると「やっぱり面倒ください！　質問はやめよう！」と思ってしまうものです。その遠い未来と目の前の現実とのギャップがスマホを使うことで埋められるわけです。

また、**カレンダーの通知機能を使って自分にエンカレッジメントを送ることは、未来の自分に対するプレゼントともいえます。**

しかも、スマホのプレゼントのありがたいことは、「繰り返し」にしておくと、一回きりでなく何度もあなたの脳に届けてくれることです。

ぜひ、未来のあなたに数多くの「3つのC」をプレゼントしてあげてください。

才能にこだわるとダメな脳になる

スマホで自分自身を激励するにあたって、「3つのC」とともに、もう一つ、徹底的にこだわっていただきたいのが「強み（Strength）」です。

といっても、心が強いとか、ましてや腕力が強いという意味ではありません。メンタル医学では、長所の中で自分自身の努力で高めていけるものを「Strength」と呼ぶこととされ、「強み」はその日本語訳です。

これだけの説明だとピンとこない方が多いと思いますが、わかりやすくいうと、長所の中で持って生まれた才能に関わる能力を除外したものが「強み」だと考えていただいて間違いありません。なぜ、このような言葉が誕生したのかと言うと、メンタル医学で切実な必要性が生じたからです。

自分の才能に関することにこだわりを持つと、能力が低下し人間として成長ができず、メンタル面の病気にもなりやすい……。逆に、自分の努力で高められる能力にこだわりを持つと、能力が高まり人間的に成長ができ、メンタル面の病気も防げる……。

そんな研究結果が次々と発表され、意識すると良い長所と悪い長所を区別する必要が生じたのです。悪いほうは「才能」と呼べばいいのですが、良いほうはぴったりくる言葉がなく、仕方がないので「強み（Strength）」という言葉で呼ぶことになったわけです。

はっきりいってセンスの悪いネーミングだと私も思います。ただし、強みを意識することが勉強する能力をスマホのエンカレッジメントでアップさせるのにとても重要な鍵を握っていることは確かです。

実際、このことは、クリニックで受験生を指導していていつも痛感させられていることです。ぜひ、あなたも「強み」のメンタル医学を理解し、スマホで表示するコメントを作成するときに積極的に活用していただきたいと思います。

メンタル医学の中で強みの重要性が認識されるようになったのは、有名なコロンビア大学の実験がきっかけでした。ニューヨークの小学校5年生に図形の問題を解かせ、「よくできたね、きみは頭がいいね」とほめたら、その後、努力しなくなる子どもが続出し、結果として能力も成長しなかったのです。つまり、「頭がいい」とほめてはいけないということです。

人はほめられると、脳内にあるA10神経が刺激を受けてドーパミンを出し、快感を生み出します。その快感を再現したい……。できることなら、もっと多くのドーパミンが出るように、もっと大きな快感を得たい……。脳はそんな本能的な衝動に駆られます。

ところが、「頭がいい」とほめられた快感をさらに大きくするためには、もっと頭がいいことを証明しなければなりません。でも、努力して良い点をとっても、頭がいいことの証明にはならないのです。だから、無意識のうちにわざと努力をしないようになるわけです。

では、どういう言葉でほめればいいのか。

先に挙げた研究では、今度は問題を解いたあとに、「よく頑張ったね」と努力をほめてみました。そうすると、より頑張るようになり、結果として能力も高まったのです。脳は努力をほめてもらってドーパミンの快感を得たので、さらに快感を大きくするため、より頑張って努力をするようになったわけです。

その後の研究で、子どもだけでなく大人の場合も同様の傾向があることがわかりました。また、他人からほめられるケースだけでなく、自分自身で長所を意識するときも、頭がいいなど才能面に価値観を持つと努力を怠るようになり、努力に価値観を持つと頑張り続けることで様々な能力が高まることも明らかになりました。

うつ病などのメンタル面の病気についても、才能に価値観を置くと発病率が増加し、努力に価値観を置くと逆境でも粘り強く頑張れるメンタリティーが養われることも明らかになりました。

持って生まれた才能は自分の意思では変えようがなく、ないものねだりをしてしまうと、焦燥感がわきあがってきます。これは、才能が「3つのC」で説明したコントロールに反しているからです。かといって、「オレは頭がいいんだ」と才能面で自信を持つことも危険です。少々才能があっても、それだけで乗り越えられない危機が訪れたら、うぬぼれは一気に瓦解し、うつ気分に苦しむことになるのです。これは、才能が「3つのC」のチャレンジに反しているからです。

ですから、スマホに表示する自分への激励には、才能に関するメッセージは、一切、排除するように心がけてください。ほんの少しでも才能に酔えば、そのぶんだけあなたはダメな人間になってしまいます。

七 強みにこだわると成長できる

その正反対の良い効果をもたらすのが、努力に価値観を置くということです。努力は自分の意思で実現できることなので、「3つのC」のコントロールを満たします。

また、目標に向かって謙虚な気持ちで頑張ることなのでチャレンジも満たします。

だから、スマホで表示する激励のメッセージには、努力という言葉を連発するのがよいのです。

おすすめは、自分の実現したいことに努力ということ。これだけで、メンタル管理に望ましいメッセージが簡単に作れます。

たとえば、

「売上がアップするように努力する」

「企画が通るように努力する」

「昇進できるように努力する」

つまり、**「(実現したいこと)に努力する」**というパターンです。

激励のメッセージを作るにあたって、これが最も簡単な形式なので、私のクリニックでは、初心者の方には、まずはこの形式で作成してもらっています。

ただし、慣れてきたら、他の「強み」にも挑戦していただきたいと思います。メンタル医学の研究で、意識することでポジティブな効果を生じる強みが、以下のように数多く見つかっています。こちらについても、スマホの激励メッセージに積極的に取り入れていきましょう。


「大局観」……目先のことだけにとらわれず、大局的にものを見ていくこと。

「忍耐力」……逆境でもあきらめず、粘り強く頑張り続けられること。

「未来志向」……終わってしまった過去にこだわらず、これから変えられる未来を見据えること。

「誠実さ」……他人に対して誠実に向き合っていくこと。

「分析思考」……表面的なことにとらわれず、物事を分析して合理的に思考していくこと。

「思慮深さ」……いっときの感情にとらわれず、よく考えて問題を解決していくということ。

「寛容さ」……異なる意見にも耳を貸し、ちょっとしたことでイライラしないこと。

「達成欲」……途中で諦めるのではなく粘り強く努力を重ねて達成したいと願うこと。

「調和性」……周りに調和しながら現状の中で適切な行動をとっていくということ。

「持続力」……途中で投げ出さず、決めたことを粘り強く継続していくこと。

これらはすべて、学術的にも「強み」として認定されているものです。実際、いずれも自分自身の意思や努力で成長させることができ、メンタル面が安定するため、うつ病の予防や回復に役立つことも分っています。スマホの激励メッセージにも積極的に取り入れていきましょう。

たとえば、受験生の場合、英語や現代国語で、1行、1行の細かいところばかり気になり、全体として著者が何を言おうとしているのかがつかめず、結果として大量失点してしまう人が多いのですが、そのような場合は、「課題文の全体を俯瞰《ふかん》して理解する」

「全体を大局的に見る癖をつける」
「木にとらわれず森を見るよう心がける」
このような大局観を意識するメッセージを出すように指導しています。

もちろん、メッセージの文は自分自身がピンとくればそれでいいので、「未来志向」「分析思考」などの一言でもいいです。

実際、終わったことにとらわれて勉強に集中できない受験生には、「未来志向」というメッセージを1時間おきに表示するよう指導したケースもあります。

この方の場合、メッセージが100回表示されたあたりから、本当に未来志向に変わってきました。「そんなにかかるの?」と思われたかもしれませんが、1時間おきだと1日に10回は表示できます。だから、100回といっても、たかだか10日間なのです。

偏ったものの考え方を直すのに、10日間というのは、むしろ超ハイスピードです。それが可能になるのも、コピー&ペーストで同じメッセージが簡単に量産できるスマホの特徴です。積極的に利用しない手はありません。

7

感情をスマホに吐き出せ

この節の目的は、私のような心療内科の医師やメンタルトレーナーが担っている役割をスマホで代行する方法をご紹介することです。

ここまでは、医師やトレーナーがエンカレッジメントのメッセージを伝えるのと同じ効果をスマホで実現する方法についてご説明してきました。ここからは、逆に、患者やスポーツ選手の側が医師やトレーナーに語ることによる心理効果をスマホで実現する方法をご紹介します。

最近では心療内科でもカウンセリングの重要性が認識されるようになってきましたが、実はその効果の半分以上は患者さんの話を聞いてあげることによるものだとされています。腹が立つこと、イライラすること、悲しいこと……。ネガティブな感情を抱え込むと、うつ症状に陥り、不安になったりやる気が出なくなるのですが、話を聞いてあげることで感情を吐き出せば、カタルシスと呼ばれる精神的な浄化が行われ、メンタル面が一気に安定化するのです。

もちろん、私たちが話を聞いてあげるのがベストですが、一人でもできることがあります。それが「ノートに書き出す」という方法で、実際に心療内科の治療にも取り入れられています。**ノートに書き出すことで感情が整理され、落ち着きを取り戻せるという効果があることが科学的な実験で確かめられているのです。**

ただし問題は、ノートに書き出すのはちょっと時間がかかるし、面倒くさいので、やがてやらなくなる人が多いということです。でも、それがスマホだったらあっという間にできてしまいます。

音声入力で感情を文字化する

私が日頃利用しているのは「音声入力」で、これが最も手っ取り早い手段です。慣れれば、最短15秒ぐらいで感情を吐き出せます。スマホに音声入力のアイコンを置いておいて、思い立ったらすぐ音声入力で文字にできるようにしておくのです。

「録音しておけばいいのでは?」という質問をよくいただきますが、実は**録音ではダメなのです。音声は目に見えないので、感情を吐き出したことを脳が認識しにくいため、心を浄化させる効果が弱いのです。**

人に話す場合は、聞いてくれる人の表情や相づちで、ネガティブな感情を吐き出したことを脳がはっきりと認識できます。そのかわりになるのが、文字を目で見て感情を吐き出したのを認識することなのです。だから、音声の入力システムを使って文字に変換する必要があるわけです。

私自身は滑舌がいいので、文字への変換が優れているGoogleの音声入力アプリを使えばかなり正確に入力できますが、変換ミスが気になる人も多いと思います。しかし、わざわざ文字を修正する必要はありません。本人が何を吐き出したか、なんとなくわかれば、それだけで心を浄化する作用はかなり得られます。

とにかく、ネガティブな感情がわきあがってきたら、それを頭の中で放置せず、即座にスマホにベラベラッとしゃべって、文字という形に変換して残しておくという習慣を身につけておきましょう。大事なのは、気軽に、その都度行うことです。これだけで心を立て直す効果はかなり得られます。

ネガティブからポジティブを探す「メンタルノート」の効果

さらに、**より高い効果を得るためには、嫌な体験を書き出したあと、ネガティブからポジティブを探すメンタルトレーニングを行うのがおすすめです。**

マイアミ大学のグループが、300人の学生を対象にネガティブな体験をノートに書き出した上で、そこからポジティブな要素を見つけ出すという実験を行ったところ、怒りや不快感が低下するというデータが得られました。

どんなに嫌な体験であっても、一方的に100％ネガティブなことはこの世には存在しません。ほんの些細なことかもしれませんが、必ずどこかにポジティブな側面が隠れているはずです。ただし、本人は気がついていないので、意図的に見つけ出して書き留める練習が必要なのです。たとえば、

「友だちから欠点を指摘されて傷ついた」（ネガティブ）

↓「自分の欠点を知ることができた」（ポジティブ！）

↓「欠点を直す、いいきっかけになった」(ポジティブ!)
↓「欠点を言うなんて、なかなか面倒くさいことだが、それをわざわざ言ってくれた友人がいたことは、自分にとって財産だ」(ポジティブ!)

などといった具合です。

考えれば、どんなことでも何か良い点があるものです。実は、前向きな性格の人はそれを見つけ出すのが得意だから快活な気分を維持できる一方、落ち込みやすい性格の人は良い側面を見つけ出すのが苦手なので心がふさぎ込んでしまうということもメンタル医学の研究で明らかになってきました。

だから、ネガティブからポジティブを見つけだす練習をすると、性格自体を前向きなものに変える効果もあるわけです。実際、クリニックでこうした指導をしていると、日常生活の中で怒りや失望、不安や焦燥感などネガティブな感情に支配されていた人が、明らかに前向きな性格へと変化をとげています。

これは、もちろんノートを使って行ってもいいのですが、スマホの音声入力を使えば、あっという間に手軽にできるので習慣化しやすく、トータルで考えればこちらに軍配が上がります。

8

月別カレンダーを見て脳の準備

スマホのカレンダーで自分の予定を眺める……。誰でも毎日やっていることだと思いますが、やり方によっては、これもメンタルトレーニングになるのです。

スマホのカレンダー機能のいいところは、タッチ一つで予定を「日」単位、「週」単位、「月」単位でスケジュールを見られることです。たとえば、試験の日を目立つような色に設定し、月単位のカレンダーに表示して眺めれば、「あとどのぐらいの日数で試験日が来るのか」がカレンダーの面積で直感的に把握できます。

よく「試験まであと○日」という日めくりを壁に掲示いる人がいます。悪くはありませんが、これだけでは十分ではないのです。同じ日数でも、数字とカレンダーの面積では脳の認識機能が異なるからです。

残り日数をスマホカレンダーで可視化する

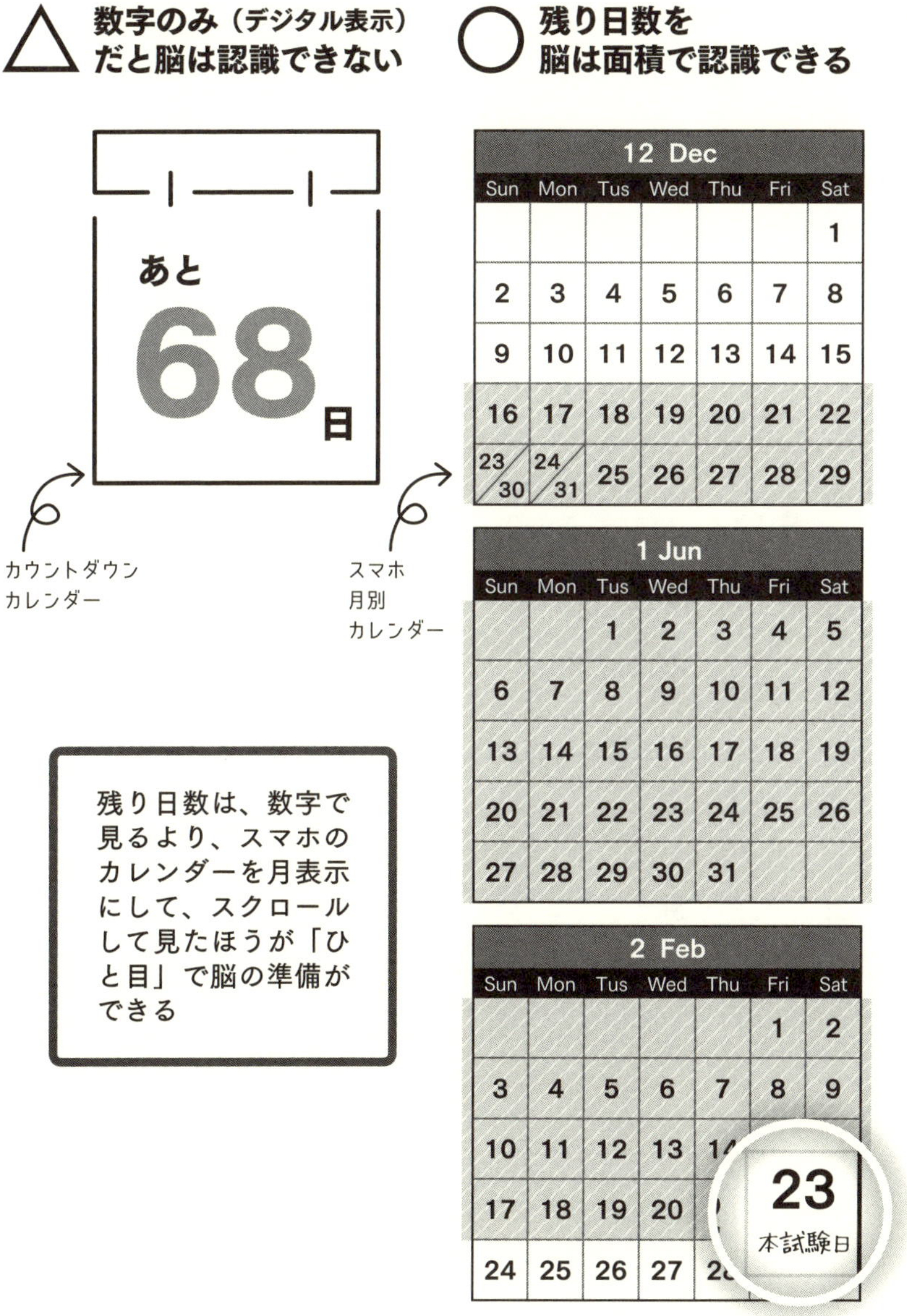
△ 数字のみ（デジタル表示）だと脳は認識できない
○ 残り日数を脳は面積で認識できる
あと
68
日
カウントダウンカレンダー
スマホ月別カレンダー
12 Dec
1 Jun
2 Feb
Sun Mon Tus Wed Thu Fri Sat
23
本試験日
残り日数は、数字で見るより、スマホのカレンダーを月表示にして、スクロールして見たほうが「ひと目」で脳の準備ができる

受験生のカウンセリングをしていると、あと28日、27日、26日……だと、まだ先、まだ先と思っていたのに、ある日を境に一転して、ああ、もう残りわずかしかない……と急に日数がないと焦ってしまうというケースがものすごく多いのです。

そうなってしまう理由は、デジタルの数字を感覚的に捉えることが苦手だという脳の特徴にあります。

これに対し、1カ月の予定表を見ていると、脳は「テストの日までにこれぐらい面積がある」と、感覚的に大づかみで認識することができるのです。

もちろん、紙のカレンダーでも同じことがいえますが、ほとんどのスマホのカレンダーでは、終わった予定は自動的に色が薄くなります。すると、色の濃い面積で残りの日数がアナログ的に認識できます。これが紙のカレンダーにはない、スマホのカレンダーだけが持つ最大のメリットです。

スマホのカレンダーを毎日眺めていると、脳は無意識のうちに心の準備のスピードを調節し、集中力のピークを当日に持っていこうとします。その結果、心構えがだんだん備わってくるのが自分自身でも実感できます。

もちろん、大切なプレゼンや発表会など、入試以外の日程でも同じことがいえます。

ご自分にとって大事な予定があれば、普段からカレンダーを眺める習慣を身につけて集中力の調整に利用してください。

同じ時刻にその科目を受けているイメージトレーニング

さて、みなさんはカレンダーに「○月○日　○○テスト」「○月○日　○○大学入試」などと予定を書いていると思いますが、「○時～○時　国語」「○時～○時　英語」などと科目ごとの時間まで入力していますでしょうか？

私のクリニックにやってきた受験生にたずねたところ、科目の時間まで入力している人は、今までたったの一人もいません。でも、これはメンタル面にも脳機能にも良くないことなのです。私のクリニックでは、その効果を説明したうえで、受験生の全員に実践してもらっています。

入試の直前期は、本試験と同じ科目を同じ時間帯に勉強したほうが有利です。そうすることで**脳に、その科目の時間にその科目の問題を解く脳機能が優先的に働くよう**

準備をさせるのです。そうすれば、入試の当日に得点力も高まるうえにメンタル面も安定します。

たとえば、休みに日であれば、同じ科目の過去問を同じ時間に解くのがベストです。もし仕事や学校の授業があるためそれが不可能なら、その時間にその科目の試験を受けるイメージだけでも持っておきましょう。それだけでも一定の効果はあがります。

脳は一日24時間のサーカディアンリズムに従って働いています。このリズムを活かして病気の治療効果を高める**「時間医学」**が、近年、急速に発展していて、これを解明する基になった研究は、２０１７年ノーベル生理学・医学賞が贈られました。

こうした「時間医学」を入試にも活用しない手はありません。そのためにも、スマホがものすごく便利なのです。

たとえば、15校を受験する場合なら、紙に書くと「○時〜○時　国語」……を15回書かないといけませんが、スマホなら、科目名をコピー&ペーストし、時間はスライドのバーで変更すればいいだけですから、あっという間に科目ごとのスケジュール表ができてしまいます。それを使って脳機能もメンタル面も、入試の当日にベストコンディションになるように、万全の準備をしていただきたいのです。

9

スマホの機能で、いい勉強習慣をつける

座りっぱなしは脳に悪影響！ スタンディング勉強法

先ほど少しふれた、座り込まない勉強習慣にもスマホの機能が役に立ちます。

勉強中、軽く立ち上がるだけで、脳のメインスイッチの役割をしている脳幹網様体が刺激を受けて覚醒度が上がり、さらに脳に立ち上がる刺激が伝わることで勉強の集中力も上がるのです。

目安としては、15分に1回くらいの頻度で立ち上がるのが理想的です。

そこで勉強を始めるときにタイマーを15分にセットし、アラームが鳴ったら立ち上

がるようにしましょう。そして、またタイマーを15分にセットして勉強を始めるということを繰り返すわけです。これを立ち上がる習慣が身につくまで実践してみてください。

自分でいくら「ずっと座り続けないようにしよう」と気をつけていても、立ち上がる習慣はそう簡単には定着してくれません。そこで、〝何か〟で本人に「そろそろ立つ時間だよ」と知らせる必要があるのです。

これについて、私のクリニックでは、時計のアラームやストップウォッチを使ってやってもらっていた時代もあったのですが、今やスマホのタイマー機能を使えば、とても簡単にできます。

なぜ、座りっぱなしの勉強がよくないのか、少し解説しておきましょう。

実は今、子どもが立ったまま授業を受けられる「スタンディング授業」が、世界で徐々に広がりを見せているのです。

もともと、スタンディング授業をはじめたのはオーストラリアです。

シドニー大学の研究で、「座っている時間が一日4時間未満の人に比べて、11時間以上の人は死亡率が40%も高い」という調査結果が出たのです。

座りっぱなしの生活習慣で、全身の血流が悪くなり、心筋梗塞、脳卒中、糖尿病などが増えていたためでした。

そこでオーストラリアでは国を挙げて座りすぎの生活習慣を改善しようと始まったのが「スタンディング勉強法」。生徒が立ったまま授業を受けられる昇降式のスタンディングデスクが導入され、立っている時間を長くしたところ、前より集中して授業を受けるようになり、成績もアップしました。

それがアメリカにも広がり、テキサスA&M大学が、スタンディングデスクの効果を分析したら、**「集中力が12%アップした」「認知機能も高くなり、スピーディーな意思決定、推理・推論の能力が最大14%もアップした」**というデータが出て、取り入れる学校が増えているのです。

長く座り続けていると、脳の前頭前野という部分が機能の低下を起こすため、不安や不満といったネガティブな感情を理性で抑えこむ力が低下してしまいます。その結果、うつ病などの発病リスクが上がるという報告もあります。

ですから、一日中座りっぱなしでいる人は、今すぐ改善したほうがいいのです。疲れやすい人は、立ってすぐ座ってもかまいません。座り続けるのがいけないのです。
そうはいっても、つい立つことを忘れてしまうので、**15分に1回ぐらいスマホのタイマーをピピッと鳴らして、立とうという刺激を送ってあげてください。**

もちろん、このスタンディング勉強法が習慣化すれば、もうスマホのタイマーは使わなくてOKです。今度は座り続けるとむずむずしてきて、自然に立ち上がりたくなるものです。

実際、私自身は立ち上がる勉強スタイルがすっかり定着しているので、難しいことを考えるときは無意識のうちに立ち上がり、勝手に身体が動いて机の周りをウロウロ歩いています。

立つよりも歩くと、脳幹網様体はいっそう刺激を受けるのです。

もちろんテストの最中に立ち上がることはできませんが、休み時間には、立つだけではなくて、わざわざ違う階のトイレまで歩くというのも取り入れたい習慣です。

試験中に気持ちを切り替えるイヤホン習慣

試験の最中に絶対やっちゃいけないこと。それは前の試験の失敗にとらわれることです。とはいえ、終わった試験のことが気になるのは受験生の常です。そんなときは、頭の中で次の試験の科目名を連呼しましょう。

「数学の試験ができなかったな……」と少しでも脳裏によぎったら、「英語・英語・英語・英語・英語・英語……」と、とにかく終わった試験のことを考えなくなるまで、ひたすら連呼し続けましょう。

実は、終わった試験のことを考えないためにも、スマホは役立ちます。もちろん、試験中にスマホは取り出せませんから、スマホが活躍するのは昼休みです。

昼休みに友達同士で答え合わせをする受験生がいますが、漏れ聞こえてくる声はとっても危険。

「あの問題、解けた?」「うん、解けた。簡単だよねー」などと会話が聞こえてくると、「うわー、オレ、解けてないよ」などと動揺してしまいます。仮に「合ってて良かった」

と思っても、それで脳が過去にとらわれることで、これから受ける科目の問題を解く能力はやはり低下してしまうのです。

集中力を高めるために雑音を耳に入れない。これは大原則です。そこで、スマホで音楽を聴いて、雑音を遮断するのがおすすめです。

ただ、貴重な昼休みに音楽を聴くだけではもったいないので、音楽はバックグランドで聞いておきながら、あらかじめスマホに入力しておいた試験の注意事項を目で確認すると、さらにベターです。

たとえば、英語の三単現のsを落とすクセがある人だったら、「英語の三単現のsを落とさないように確認」など、個別の注意事項をスマホに入力しておくと便利です。

ちなみに、フィギュアスケートの選手が本番直前までイヤホンをして音楽を聴いている姿をテレビでよく見かけませんか？　これがまさしく、雑音を遮断し、集中力を高める習慣なんですね。

前に演技したライバルがいい演技をしたらプレッシャーがかかりますし、ミスをしたなら集中力が甘くなってしまう。自分の演技に集中するために、耳をふさいでいるわけです。やるべきことは、入試に臨む受験生もまったく同じです。

試験の最中にパニックになったときに役立つ「カウント法」

試験中にパニックになったら、得点へのダメージは計りしれないものがあります。

先ほど少しだけご紹介しましたが、その対策として私が提唱している緊張を抑える方法が、5秒間目を閉じるということです。

大脳は7割が視覚情報、つまり目から入ってくる情報の処理に関わっており、一瞬でも目を閉じるだけで脳の負担が軽くなります。そのため、脳の中で不安や不満の悪循環を、目を閉じることで断ち切ることができるのです。

実は、われわれは無意識のうちに、もっと短い時間に目を閉じて心を立て直しているということがわかってきました。それはまばたきなのです。

たとえば、うそをつくとまばたきの回数が増えることは昔からわかっていたのですが、それは0・1秒から0・15秒の間、まばたきで目を閉じることで、視覚情報を遮断して脳に余裕をもたせるのが目的だということが脳科学の研究で明らかになりました。私たちはまばたきでほんの少し目を閉じ、うそをつくプレッシャーから脳を守っていたのです。

ましで、5秒というと、実は脳機能にとっては膨大な休み時間です。

おすすめするのは、ゆっくり息を吐きながら5秒間目を閉じるということです。**「カウント法」**と呼ばれているのですが、1、2、3……と頭の中で数字を数えると、脳内で大脳辺縁系という部分の暴走が収まりやすくなるので、より効果的です。

また、ゆっくり5秒間かけて息を吐くと、副交感神経が優位になるため、パニック状態からの回復しやすいのです。過呼吸の発作が起こったら試験が受けられなくなるので、ゆっくり息を吐くことはとても重要です。

以上をまとめたパニック防止の黄金法則が、

「5秒間目を閉じて、1、2、3、4、5と数えて、ゆっくり息を吐く」です。

この法則を実践すると、試験中のパニックはほとんど防げます。しかし、いくら指導しても試験本番になると、緊張で忘れてしまうことが少なくありません。

そこで活用したいのがスマホです。試験の直前にパニック防止の黄金法則をスマホで一回でも見ておくと、試験中に危なくなったときにすぐに実践できるので未然に予防できます。

本人がわかればいいので、スマホの表示は簡略化して「5秒・目を閉じる・息を吐く」でもいいし、もっと簡略化して「5目息」でも十分です。

緊張しやすい人は、模試等で、パニックになりかかったときに黄金法則を何度かやっておくといいでしょう。そうすると、「5目息」という表示を見ただけで思い出すことができます。

SNSにのめりこむと、うつになる!

ここまで、メンタルトレーナーの役割をスマホに担わせることで、勉強に前向きな気分でバリバリ意欲的に取り組める心へとあなたを導く方法についてご紹介してきました。この章の最後に、せっかく育んだ健全なメンタルを台無しにしないために、ぜひとも知っていただきたい心のトラブルについてお伝えしたいと思います。

「SNSうつ」という言葉を、お聞きになったことはありますか。もちろん、正式な病名ではありませんが、最近、心療内科医の間でもよく話題にのぼるようになりました。うつ病の診療に携わっていると、問診などを通してSNSの弊害を感じることが多く、問題視する医師が増えているのです。私自身も、受験生はもちろん、社会人の方も、SNSによってコツコツ勉強することができなくなったケースをたくさん診てきました。

また、SNSにのめり込むと、うつ病になりやすいということを示唆した研究結果も相次いで発表され、警鐘が鳴らされています。

たとえば、ピッツバーグ大学のグループは、千人を超える大学生を対象にSNSの利用状況とそれによるメンタル面への影響について、詳細に分析を行いました。その結果、「SNSうつ」につながる危険な兆候が浮き彫りになったのです。

分析結果によれば、心が傷つくネガティブな情報にふれると大きな心理的ダメージを受けるにもかかわらず、幸せな気分になるはずのポジティブな情報にふれても、それほど大きな効果は得られていないのです。研究グループは、これが「ネガティブバイアス（否定的な偏り）」だとして、「SNSうつ」になる危険性を指摘しています。

楽しい話題で幸せになる効果が少ないどころか、それによって逆に落ち込む場合も少なくないという研究結果も発表されています。

SNSには、「こんな素敵なレストランで食事をしました……」とか、「こんな素敵なプレゼントをもらいました……」などといった幸せ自慢があふれています。そんな投稿を目にしたら、ついつい自分と比較してしまい、「安い定食屋しか行けない私って不幸……」とか、「プレゼントがもらえない私って不幸……」などと思って落ち込んでしまうわけです。

「3つのC」のところでご紹介したコントロール（control）を思い出してください。他人の生活は自分の意思でどうにかできることではないので、コントロールはゼロです。だから、他人との比較は、それ自体がメンタル面を不安定にしてしまう危険な行為だといえるのです。

しかも、SNSに投稿されているのは、自分の生活の中で華やかな部分だけを切り取り、しかも過剰に演出されたものばかりです。若い子たちは、こういうのを「盛る」と表現していますが、実態としてのSNSは盛りに盛りまくった虚像と化しています。

実態と比較をしてもメンタル面に悪影響を与えるのに、虚像と比較をしてしまったらダメージは甚大で、うつになってもおかしくはありません。

そこで、私のクリニックでは、こうした問題点をきちんと説明したうえで、受験生には同世代の人のSNSを見るのは禁止にしています。また、社会人の方もできるだけSNSは見ないように指導しています。


他人のSNSは見ないとして、では、自分がSNSに投稿するのはどうなのでしょうか。実は、こちらについてもメンタル面への悪影響が大きいことがわかっています。

やはり、最大の問題は、「盛ってしまう」という部分です。他人にプライベートをさらすわけですから、無意識のうちに自分のいいところだけを切り取ってしまいます。仮に何らかの演出をしなくても、つまり盛らなくても、もうその時点で自分の生活の平均像からは外れているので、実態としては盛ってしまっているわけです。

誇らしい自分の生活をアップすると、その瞬間は幸福感で満たされます。しかし、実態はそれに追いついていないことを心の奥底では感じ取っています。このギャップがメンタル面を不安定にし、抑うつ感情の種になってしまうのです。

とはいえ、仕事の都合上、顧客の開拓などのためにSNSで情報を発信しなければならない人は多いと思います。でも、ご心配なく。ご紹介したＳＮＳのメンタル面への悪影響は、プライベート自慢をしたときだけに起こる現象です。商品やサービスのＰＲはもちろん、時事問題に対して意見を表明しても、趣味のアート作品を公開しても、心理面への悪影響はありません。

実際、私自身のＳＮＳでも、うつ病の予防法や効率的な勉強法など実用的な情報の提供だけを行うよう徹底しています。少なくとも「ＳＮＳうつ」が指摘されるようになった5年ほど前からは、プライベート自慢は一切アップしていないつもりです。

また、ＳＮＳにプライベート情報をアップする場合でも、公開さえしなければメンタル面に問題が生じることはありません。閲覧するのが自分だけなら、ノートに書くのと同じです。

私のクリニックでは、希望者にはＳＮＳを使って「メンタルノート」を作ってもらっています。この章でご説明したように、感情を吐き出し、さらにネガティブに感じることからポジティブな要素を見つけ出すのが、「メンタルノート」の目的です。ＳＮＳならスマホで簡単に入力でき、クラウドで管理ができます。だから、主治医の私も見ることができるのでとても便利です。

もちろん、「メンタルノート」は心の奥底にある真実を吐き出す必要があるため、絶対に公開してはいけません。見るのは本人を除けば、私一人です。たまに、保護者の方から、「息子のメンタルノートを見せてほしい」と強く依頼を受けることがあるのですが、もちろん、きっぱりとお断りしています。親に見られるかもしれないと思っただけで、もう、吐き出される内容は真実ではなくなってしまうからです。

診療の合間に受験生のメンタルノートをSNSで見ていてつくづく感じるのは、スマホの向こう側に人間の心が浮き彫りになっているということです。人間の心とスマホ……、アナログとデジタル……、生命と機械……。とかく単純な対立関係にあるものだという先入観を持ちがちですが、実際にメンタルを扱う心療内科にスマホを取り入れてみると、決して相容れないものではないことが皮膚感覚でも実感できます。

この章を読み始めたときには、メンタルトレーナーの代わりをスマホに務めさせるなんて奇想天外だと思われた方も多いでしょう。実際、講演会でこのお話をすると、同じような反応が返ってきます。はじめは「私の心は機械ではないんです」と困惑する人も少なくありません。

でも、メンタル医学の基礎からわかりやすく説き起こすと、大半の方が、最後には「私もやってみます」という答えに変わります。この章を読み終わったあなたも、同じような感想だったらいいのになあと思っているところです。

スマホを冷たい機械にするのか、温かい心を包み込むメンタルトレーナーにするのか……。それはスマホを使う私たちの気持ち次第です。ぜひ、スマホとの良い関係を築くことで、あなたに勉強革命を起こしていただきたいと思います。

PART 3
集中力アップ編

短時間で勉強力を上げる「集中できる脳」のつくり方

10

集中力を上げたいなら、スマホを机の上に置くのはやめなさい

この章では、脳科学を応用し、スマホによって勉強の集中力を飛躍的に高める方法をご紹介しますが、それ以前の問題として、**社会人も受験生も、99％の方がスマホによって集中力を下げているのが現状です。**あなたも思い当たることがあるはずです。

ただ、誤解をしてほしくないのですが、スマホをやめなさいという説教話をするつもりはまったくありません。

むしろ逆に、スマホを積極的に活用しながら、脳科学の法則によって勉強の効果をしっかり挙げていくことが、この章の目的です。

16 スマホが視界に入るだけで脳のワーキングメモリは低下する

スマホを持つことによって脳機能にどのような影響が表れるのかについては、世界中で様々な研究が発表されていますが、なかでも代表的なものがシカゴ大学のグループが発表した研究です。

実験は、次の3つの場合に被験者の脳機能がどうなるか、という比較が行われました。

・スマホを机の上に置く場合
・ポケットの中、あるいはカバンの中に入れておく場合（目には見えないけれども、近くにあるということを本人の脳が認識している状態）
・別の部屋に置いた場合（近くになく、すぐ使えないと本人の脳が認識している状態）

同じ人であっても、この3つの条件のどれかによって、脳のワーキングメモリ（作業記憶）や流動的知性といった機能が大きく異なるということがわかったのです。

ワーキングメモリは、社会人にとっても受験生にとってもものすごく大事なものです。これは、「心の黒板」や「脳のメモ帳」とも呼ばれ、意識のうえで7つ程度まで情報を保持し、それを組み合わせることによって、計算して数学の問題を解いたり、文章を読み取って国語や英語の問題を解いたりしているわけです。

一方、流動的知性とはもっと幅広い概念で、次々と変わる現在の状況に合わせて計算・暗記・思考を行う能力の全体を指します。

シカゴ大学の報告によると、ワーキングメモリと流動的知性の両面で、**スマホが机の上にある場合は脳が最悪のパフォーマンスになってしまう**という実験結果でした。

また、机の上ほどではありませんが、スマホがポケットやカバンの中にある状態でも、やはりこうした脳機能は低下しており、隣の部屋に置いた場合、つまりすぐ使えない状態にしておくということがベストである、というデータが出ているのです。

ちなみに、**机の上にスマホを置く状態だと、ワーキングメモリは10％以上が低下！**パソコンやスマホのスペックが10％以上低下してしまうと、パフォーマンスは劇的に悪くなりますね。

それと同様に、**自分の脳のスペック（能力）を高い状態に維持しようと思ったら、スマホのある場所をただちに見直す必要がある**ということです。

多くの人がスマホを机の上に置くかポケットに入れていますから、ずいぶん損をしているわけです。

⑦ 脳の〝待機電力〟をムダに使ってしまう

どうしてこんなことが起こるのかというと、**スマホが近くにあると、脳は無意識のうちにスマホを使う準備をしてしまうからです。**

本人は自覚できませんが、準備といっても脳が働いているので、その分だけ脳機能の容量を使っているということです。だから、目の前の勉強の能力が低下してしまうのは当然の結果です。

スマホだって同時に複数のアプリが動いていると、動作が重くなったりフリーズしたりしますよね。

脳の機能も、バックグラウンドでスマホを使う準備に使われてしまうと、その分だけ、目の前の勉強の脳機能が低下するわけです。

プロローグで少しふれたように、私はクリニックの患者さんに、数年前からこのことを「家電の待機電力」にたとえて説明しています。

スイッチを入れたら、テレビにしても、エアコンにしても、すぐ作動してくれます。これは便利だけれども、待機電力が使われているからできることなのです。見えないバックグラウンドで電力を使っているから節電にはならないですよね。２０１１年の東日本大震災による電力危機をきっかけに、待機電力は広く知られるようになりました。

こうした構造は人間の脳もまったく同じなのです。

電話が鳴ったらすぐ出られるのも、ＬＩＮＥのメッセージが来たらすぐに反応できるのも、無意識のうちに脳を待機状態にしているからです。

もちろん、待機電力と同じで、脳を待機状態に保っておくこともコストはタダではありません。

延々と脳のワーキングメモリの機能を使い続けているのです。

だから、その分だけ勉強への集中力が低下してしまうのは当たり前のことなのです。

「スマホの隔離」は逆効果

では、どうすれば、ムダな脳の待機電力を使わずに済むのでしょうか。

もちろん、シカゴ大学のスマホ置き場所実験のように、スマホを同じ部屋に置かないというやり方もあります。

しかし、現実問題として、「これは無理」という方が大半でしょう。また、**スマホを持たないとか、スマホを別の部屋に置くということを無理に実行したら、逆に、それが気になって集中力が低下してしまう**というのは、よく起きる現象です。

実は、スマホを何年か使っていると、脳はその状態に慣れ、スマホの存在を前提にして心の安定を保とうとするようになるのです。

だから、スマホに自分の脳を接続しないと、それだけで安心できなくなるのは、ある意味、当然の現象なのです。

スマホがあることが当たり前の状態なので、ないと不安でイライラする……。これは一種の依存状態だともいえますが、今の社会では、あながち悪いことだと決めつけることはできません。

たとえば、勉強についてだけでも、学校や塾からの連絡など、今やスマホの通信機能が必要不可欠です。

さらに、受験生といっても生きている人間なので、友達からの連絡を無視して交友関係をないがしろにしたら、それでメンタル面が不安定になり、受験うつになる可能性だってありますよね。

だから、現実を直視したら、**スマホを完全に隔離してしまうのは脳にとってマイナス面のほうが大きいのです。**

むしろ、スマホを隔離したことによって、今、何か問題が起こっているのではないか、という漠然とした不安感を抱き、それについてあれこれ考えることに、脳のワーキングメモリが使われてしまうわけです。

これでは、結局、脳内では待機電力以上のムダが生じてしまいます。

「アラームのみ」の設定にして目にふれない場所に置く

では、待機電力のムダをなくすには、スマホとどうつきあえばいいのか。

私が自信を持っておすすめしているのは、着信音もバイブレーション（振動）もオフにしてポケットかカバンの中に入れておくということです。

スマホのマナーモードというと、ほとんどの人が「着信音を鳴らさず、バイブの振動で着信を通知する」という設定にしていると思いますが、ほかにもいろんな設定があるのをご存じですか。

「サイレント」でも悪くはないのですが、あとからご説明する理由で、**時計アプリで設定した時刻だけを音が鳴って知らせてくれる「アラームのみ」の設定にしておくことが脳機能にとってはベストです。**

「アラームのみ」の設定にしたら、**スマホが見えないようにポケットかカバンの中にしまっておくことは忘れないでください。**

スマホを机の上など、目にふれる場所に置くのは絶対ダメです。

なぜかというと、勉強は疲れるので、脳には本能的にサボろう、サボろうとする欲望が生じます。その欲望を叶えて脳を休ませる口実にスマホが利用されてしまうのです。

「連絡が来ているかもしれないな」と思うだけで、勉強をやめる正当な理由だと思い込めますよね。これなら、自分が勉強をサボってしまうダメな人間なんだ、とプライド感を喪失することなしに、欲望のままに勉強をサボることができてしまうというわけです。

ちなみに、ダイエットの研究で、食べ物を戸棚の中に隠して目にふれないようにしただけでダイエットの成功率がアップするという報告がありますが、それと同じことですね。まずはポケットでもカバンの中でもいいので、スマホを目にふれない状態にしておくことは絶対に必要です。

先の実験では、ポケットやカバンの中でも集中力が低下していったわけですが、これは通知が来るのではないかと、脳が待機電力の状態になっているからです。

普段から、勉強をするときは、「アラームのみ」や「サイレント」の設定にしておくことを習慣づけると、脳はまったく待機する必要性がないということを次第に学習します。

だから、やがて100パーセントの能力に回復してくるんですね。

1～2週間ほど続ければ、脳はちゃんとリセットしてくれます。

マナーモードの落とし穴

この点では、多くの方が利用している通常のマナーモードは、まったくダメです。

着信音は鳴らなくても、ブルブルッと振動で連絡が来たことを教えるので、脳は待機電力の状態を維持しようとします。脳にとっては音であろうが振動であろうが、スマホから着信が伝わればまったく同じことです。

勉強するときにスマホをマナーモードにしている受験生は多いと思いますが、集中力がそがれる大きな要因になっています。

では、なぜ「サイレント」よりも「アラームのみ」のほうが、より集中力を高めてくれるのでしょうか。

私がおすすめしている方法は、あらかじめ「勉強を打ち切って、スマホを見ていいよ」という時間を設定しておき、その時間が来たらアラームで知らせるのです。

こうすれば、限られた時間により濃度の高い集中力を発揮して勉強ができるわけです。「サイレント」なら時間が来てもアラームの音は鳴りませんが、「アラームのみ」に設定しておくと、音で教えてくれます。

先述したように、「サイレント」で延々とスマホの着信を完全に遮断し続けると、漠然とした不安感を抱いたり、社会から隔絶されたかのような感覚になったり、友人関係から孤立してしまう恐怖心が広がってしまいます。それを防げるのが、アラームを利用した私のやり方なのです。


たとえば「50分」にタイマーを設定して勉強を開始します。

普通の学生さんなら、50分間なら、その時間限定でスマホの情報を遮断しても、生活の上で支障になることは、ほぼありません。一方、社会人の場合は、仕事によっては50分間もスマホの連絡をブロックするのは無理だという方も多いでしょう。

実際、私は『会計人コース』という税理士さんの受験雑誌に連載しているので、仕事をしながら税理士の試験を受ける方が多く来院されますが、50分も遮断したら仕事に差し支えが生じるという方も少なくありません。

そんな方でも30分なら大丈夫でしょう。何か問い合わせが来ていたとしても、その返信が最大で30分後にはできるわけです。顧客や上司も、その程度なら許容してくれるのではないでしょうか。仮に、もし、それでもダメだということなら、15分や10分など、より細かく設定を刻んでいただければいいだけです。

このように、自分の置かれている社会的な状況に合わせて集中する時間をあらかじめ決めておいて、その時間限定で徹底的に集中する習慣を身につけるのです。これができるのが、スマホの「アラームのみ」の設定なのです。

11

集中力が飛躍的に上がる「タイマー勉強法」

その時間、それだけに**脳が集中できる環境にしてあげないと、脳は集中できません。**

たとえば、連絡があったら3分以内に対応しなければならない状況だったら、先に述べたように、バックグラウンドで脳は働いているのです。

だから、私がとくにおすすめしているのは、**早起きして、朝の時間に集中して勉強するということ。大半の方にとって、一日の中で最も連絡が来ない時間が早朝だからです。**

クリニックを受診してくださった方にも、早朝に勉強することをアドバイスしているのですが、今までうまくいかなかったのは外資系の金融機関にお勤めの方だけです。ニューヨークのマーケットが閉じたあと、インターネットで現地とつないで会議をするそうで、むしろ早朝は一番忙しい時間だということでした（笑）。

「長時間勉強できる＝集中力がある」の間違い

30分や50分といった比較的短い時間に区切って集中するべきだという話に戻しますと、受験生の中には、「ぼくは一日中、休みなしに勉強したい。それが受験生として素晴らしいことだ」と反発する人もいます。

一見、素晴らしい努力家だと感じられるかもしれませんが、私はあえて「甘い！」と言いたいですね。

多くの人が、**勉強時間が長いほど成績が上がると思っていますが、それは間違いです。**

脳というのは筋肉と同じで、精神論だけで無限に力が発揮できるなどということはありません。たとえば、100メートル走で走れる限界のスピードのままで42・195キロのマラソンを走れる人間は、オリンピックの金メダリストでもいませんよね。

同様に、50分で最大集中できる限界のパフォーマンスのまま、一日中、勉強し続けることは脳の構造上できないことです。そんなことをしようと思っても、やがて脳が疲れてしまって、あるところで集中力がガクッと低下してしまいます。

もちろん、「私は最大限のパフォーマンスを2時間でも3時間でも途切れることなく持続できます」という人はいます。でも、それは本人の勘違いなのです。

実際、私のクリニックで脳の認知機能を測定すると、そういうケースでは例外なく、瞬間瞬間のパフォーマンスが落ちているという検査データが出ます。

つまり、**脳が無意識のうちに、2時間でも3時間でも持続できるレベルに集中力を調節している**、言い換えれば脳のスペックを落として、ゆっくり勉強しているだけの話なのです。

その結果、起こることは何か。それは、**ダラダラ勉強の癖がついてしまうということです。**

7 「制限時間」を設けてダラダラ勉強を防ぐ

ダラダラ勉強でもトータルの勉強量が多ければいい、と思っている人が多いかもしれません。

けれど、少なくとも受験生の場合は、この考え方は間違いです。入試というのは、必ず制限時間があるからです。

AIが浸透してきている今、パッパ、パッパと速く情報を処理していくというのは、AIに任せればいいわけです。AIができないような創造的な仕事というのは、時間に追われるという制約を外してあげたほうがその人の本当の能力が見極められると私は思います。

ただ、昔、中国で行われていた科挙《かきょ》という高級官僚の登用試験のように、受験生1人に1部屋を与えて時間制限なしに試験を行うなんてことは当面実現はしませんよね。

となると、たとえば**制限時間60分の範囲で、どれだけ能力を出しきるか**を試験で問うしかないですね。この傾向は、当分続くでしょう。

だから私は、普段から、**スマホのアラーム機能を使って、制限時間を設けて勉強する**ことをおすすめしています。

制限時間を意識しながら努力しない限り、制限時間内で競い合う試験で勝利をつかめるようになれるはずはありません。

私が「50分勉強して、10分休憩」を提唱している理由は、1時間という単位が一番管理しやすいからです。

勉強を開始するときに、50分後にアラームをセットしておいて、その50分間はへとへとになるまで根を詰めて勉強する。これが大事です。

といっても、制限時間を設けて頑張ろうと思うだけでは、なかなか50分でへとへとにはなりません。無意識のうちに脳の働きをセーブして、スローペースでダラダラ勉強する癖がついているからです。

でも、**何度か50分間限定で全力で勉強しているうちに、へとへとになるまで集中力を高めるという感覚が徐々につかめてきます。**

50分たって、スマホがピピピピッと鳴ったところで、勉強はいったんやめます。

そこで、スマホの「アラームのみ」を解除して、着信のチェックをしたり、ＬＩＮＥを見たりしてもかまいません。

そうやってメリハリをしっかりつけていくことが集中力の高い脳へと成長させる第一歩です。

脳にスピードメーターをつける

50分たちました。スマホが鳴りました。はい、勉強終了……。

一単位時間の勉強終了後に、ぜひやっていただきたいのが「集中力の自己採点」です。

私が提唱しているのは5段階評価。

最も集中力が高いと思ったら5点、最悪だと思ったら1点。平均が3点で、2と4がそれぞれの中間ぐらいの大ざっぱな感じです。

これをやる意味は何かというと、**自己評価ができずして、自己管理能力が高まるわけがないということ。**

だって、自己管理能力を自動車にたとえたら、制限時速40キロの道なら40キロで走り、高速道路ならカーブや坂道があっても、適切なスピードを常にコントロールし続けるということです。

そのためには速度がわからずに速度管理ができるわけがないのです。スピードメーターがついているから、制限時速60キロの道を時速40キロで走っていたら、速度を上げ、カーブのところは安全な速度に落とす。こうした速度の調節のためにはスピードメーターが不可欠なのです。

みなさん、「集中力がないので、集中力を高めたいんです」といっても、今の自分の集中力の状態を正しく認識できていない人がほとんどです。現状を認識しないまま、高めることなんてできません。

ただし、悩ましいのは、集中力は客観的な評価を下すのが難しいということです。

もちろん、私のクリニックに来ていただいたら脳機能の検査等でわかりますが、普段、勉強をしているときに自分で測定するのは困難です。それで、ざっくりと5段階で自己評価しましょうと提唱しているのです。

集中力とは脳のスピード。車でいえば移動距離ではなくて、単位時間当たりにどれだけ移動したかという「時速」に相当するものです。この**脳のスピードメーターに該当するのが、「集中力の自己採点」で、今の自分の集中力の状態を知ることができます。**

「集中力の波」がスマホのカレンダーでひと目でわかる

所要時間はたった3秒。

以前は、ノートに集中力の自己採点を記録しておいてもらっていたのですが、今ではそれをスマホのカレンダーに入れてもらっています。手間はこちらのほうがはるかに簡単です。

また、メリットはほかにもあります。ノートよりスマホのほうが一括管理できますので、一覧で見れば、**自分の1週間単位、1か月単位で見た集中力の波が、一目瞭然でわかります。**

私はそのデータを見ながら、「きみはなぜか金曜日はいつもバテちゃうよね」「月曜日はちょっと調子が悪いケースが多いから、きみは絶対土日の使い方が間違っているんだね」……といったアドバイスができるのです。

こうした対策を立てるには、スマホのほうが圧倒的に便利ですね。

「集中力トレーニング」として、集中力の自己採点は、できれば一単位時間（50分）

ごとに記録すると完璧です。これによって、一日の時間帯ごとの変化も分析できるからです。

「朝型人間」「夜型人間」という言葉があるように、メンタル面で朝は調子が悪い人と、夜に調子が悪い人に、大きく2つに分かれます。

たとえば、受験うつでも、「メランコリー親和型うつ」と呼ばれるタイプの場合は、とくに午前中に調子が悪くて午後から調子よくなってくる人が多い。一方、「ディスチミア親和型うつ」と呼ばれるタイプの場合は、その逆の人が多いというように、それぞれの傾向があるため、私のクリニックでは一日の変化を知ることで診断にも役立てています。

健康な人でも、自分は朝型なのか、夜型なのか。そして生活環境の差によって、自分の集中力が時間帯によってどのように変化していくのか、スマホに記録しておくと、かなり正確に把握できるのです。

朝型なら、午前中に高い集中力が必要な難問に挑むなど、自分の集中力の波に合わせて勉強の中身を変えたり、スケジュールを変えたりすれば、勉強の能率をさらにアップさせることができます。スマホの機能を存分に利用しつくしちゃいましょう。

ただし、初診でいらっしゃった方に集中力の自己採点を実践していただくと、はじめは、たいてい「2」が並ぶという結果になってしまいます。

全部2だと、その人の集中力の変化がわかりませんね。

なぜ、2、2、2……という低い点数をつけてしまうかというと、たとえば学校の同級生で一番集中力の高い人の水準を5に設定する……というようなことをしてしまうのです。つまり、採点基準が憧れの水準になってしまう。現実は憧れよりはるかに低いけど、まったく勉強が進んでいないわけではなければ、結局、2になってしまうわけです。もちろん、これでは自己採点の意味がありません。

だから私のクリニックでは、必ず、**1週間で、1から5が均等になるように採点するルールにしています。**

頭の中で描いている憧れの状態が5ではなく、**本人が確率20%ぐらいで達成できる良好な集中力が5で、20%ぐらいで訪れる最悪が1。**

こうして、数字で自己採点をするという経験を通して、初めて、自分にとっての5はどんな状態なのか、1はどんな状態なのか、その1週間の中で、曜日によって調子の良い・悪いというのがだんだんわかってくるのです。

もちろん、いきなり正しい5段階評価ができるわけではありません。1カ月ほどかけて、徐々にうまくなっていけばそれでいいのです。

そして1週間を通して4を目指すようにするというのが大原則です。もちろん、人間だから、たまに2になるのは仕方がないけれど、できるだけ4になるようにする。その結果、**平均値が上がってくればシメたものです。**

そうしたら採点基準は、より厳しくしましょう。前月の4が今月の3になるわけですね。実際、自己採点を続けていると、多くの受験生が結果として集中力の基準値が上がってきます。

車にたとえると、おんぼろのスピードメーターが、だんだん、だんだん高性能のスピードメーターに変わってくるイメージです。

医学を応用した「集中力のスケール」

実は、こうした自己評価は私が一から思いついたのではなく、もともと麻酔科で始まったものです。

患者さんが感じる痛みは本人にしかわからず、医者が評価するのは困難です。神経の反応を電気の流れとして計測できなくもないのですが、たとえ神経の活動状態が同じでも、本人が感じる痛みは人によってかなり異なることがわかっています。

そこで痛みの評価方法として、VASスケール（ビジュアル・アナログ・スケール）やフェイスペインスケールなどが開発されました。

VASスケールは、直線の左端を0（まったく痛みがない）、右端を100（今までの人生の中で最も痛い）として、「痛みはどの辺ですか」と聞いて、痛みの程度を患者さんに指し示してもらうもの。

フェイスペインスケールは、ニコニコ笑顔からポロポロ涙を流して泣いている顔まで6段階の顔があり、今感じている痛みに一番合う顔を選んでもらうことで痛みを評価する方法です。これは、お子さんでも痛みの程度をイメージとして評価するのに役立ちます。

私のクリニックでは、痛みの自己評価を集中力の自己評価に応用し、最も程度の重い涙を流している顔を外した5段階の「表情のスケール」を使っています。

痛みでも集中力でも、**正しい自己評価をするコツは、余計なことは何も考えず、「エイヤッ!」っと直感で選ぶことです。**

考えると、

「今の自分はこれぐらいできていないとダメだ」

と、本来4にすべきものを2にしてしまいますよね。

「顔の表情を見て、パッと決める」

これも、もともとフェイスペインスケールの研究で、考えさせるよりも直感のほうがいいということで始まったのです。まさしく、受験勉強にもそっくりそのまま有効だということです。

集中力の自己採点をスマホに記録して勉強効率アップ！

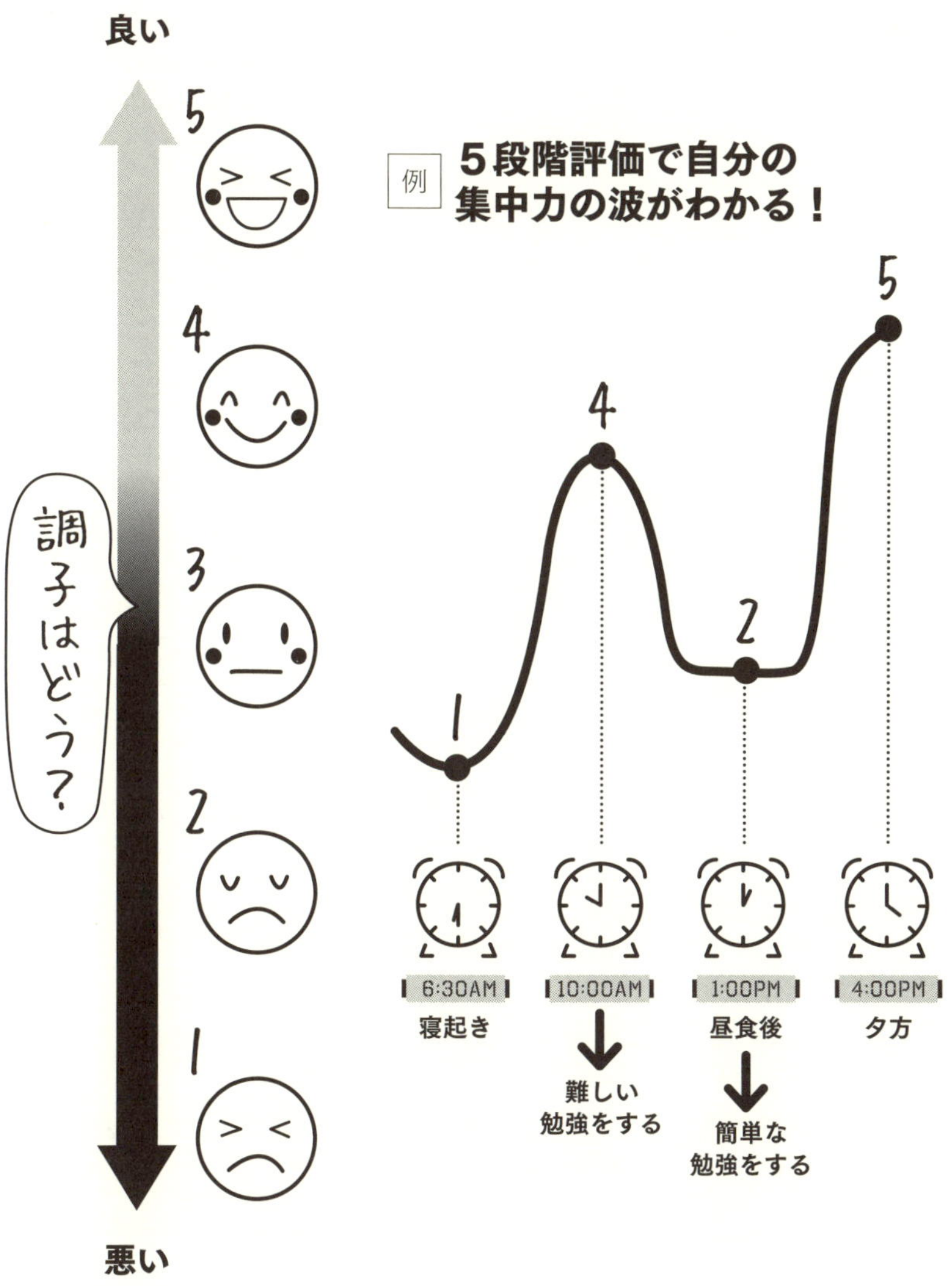

12 脳の機能を回復させる「休み時間」の使い方

その休憩のとり方、ちっとも脳は休めません

先に、効率よく勉強をするには、全力で勉強したら、休憩時間をとって脳を休ませることが有効。そこで、「50分勉強＋10分休憩」という1時間単位で勉強するのがおすすめだというお話をしました。

ところで、**休むというと、「集中力をオフにする状態」が休みだと思っていませんか。**

ほぼすべての受験生が、そう思って、ダラダラ休むだけになっているのが実情です。

実は、**休むのも集中力が必要。忙しい人が、10分で休める効果を最大化するには、休む集中力を高める訓練が必要なのです。**

誤解がないようにいいますが、集中して休むというのは、脳を緊張させるという意味ではありません。

ボーッと脳を休めているなら、「デフォルトモードネットワーク」と呼ばれる作用が働いて、脳のストレス緩和に役立ちます。

ところが、実際に受験生を問診しているとわかるのですが、**一見ボーッとしているように見えて、その実、脳を休めていない場合が多いのです。**

その一見、ボーッとしているように見える受験生の脳の中では何が起こっているのか。

入試への不安、試験の結果に対する不満、思いどおりの勉強ができなかったことへのいらだち、このままではもうダメだというような絶望感……と、ネガティブなことばかり考えて、時間が過ぎているのです。

ちっとも脳を休めることができていないため、時間が浪費されている。さらに、それと同時に、せっかくの休み時間にネガティブな観念が脳に刷り込まれてしまっている。

つまり、ほとんどの受験生が、**知らず知らずのうちに逆効果になるマイナスのメンタルトレーニングを休み時間にやってしまっている**ということです。これは、非常にもったいない話だと思いませんか。

ですから、「休み時間だから、集中力をオフにして、ボーッとすればそれでいい」というのはまったくダメ。マイナスの効果をもたらすメンタルトレーニングをしてしまうことになりかねません。

休み時間（標準で10分間）にいかに集中力を高めて休むか、しっかりと脳を回復できるかどうかということが問われているわけです。

七 脳を休める効果を上げる！正しい休憩法

そこで、休み時間についても、スマホのアラーム機能を使い、休み時間の自己採点を行ってください。

10分間、脳がしっかり休息できたら5点、あれこれと何か余計なことを考えちゃって脳が休息できていないなら1点……といった具合に、先ほどの5段階評価を休み時間にもやらなければ、10分間の休み時間の効率的な脳を休めるという効果が実現できないのです。

なぜ、わざわざ10分間を計測し、アラームを鳴らす必要があるかというと、ちょくちょく時計を見て「あと何分かな」と思わないためです。音が鳴るまで**時間を考えずに徹底的に休み尽くすためです。**

とはいえ、「休み時間に試験のことを考えるな」と言われても無理な話です。**シロクマの法則**をご存じでしょうか。「『シロクマのことを考えるな』と言われると、みんなシロクマのことを考えてしまう」という有名な古典的実験です。

試験のことを考えるのをやめようと思ったら、試験のことをより考えてしまう。つまり、**「試験のことなんか考えるな」というアドバイスはまったく愚かな行為だ**ということなのです。

では、どうするか。以下、私が実際にクリニックで試してもらって効果があった、おすすめの休憩方法をいくつか紹介しておきます。

・「楽しいことリスト」を出して、楽しいことを考える

たとえば、本試験が不安だ、模試の結果がよくなかった、このままではもうダメだ……などと、ちょっとでも頭にネガティブなことがよぎったら、楽しいことを考える。

いきなり「楽しいことを考えて」と言われても、楽しいことはなかなか思いつかないので、あらかじめスマホに「楽しいことリスト」を作っておいて、それを考えましょう。

私のクリニックでは、Googleドライブで、「楽しいことリスト」がすぐに出やすいようにしておくことをおすすめしていますが、ホーム画面の中に入れておいてもいいですね。

新しいものを思いついたらリストにどんどん加えていき、**「何か楽しいことが山ほどある状態」**にしておくのです。

楽しいことリストの項目で代表的なのは、入試が終わったあとの旅行。東京だとディズニーランド、大阪だったらＵＳＪに行くのが多いですね。

たとえば、リストの項目「入試が終わったあとに行きたいところ」の中に「ディズニー」と書いておきます。

すると、休み時間に「ディズニーのどこに行こうかな、何をしようかな」などと楽しいことを考えることができますよね。そうした楽しいことを考えるヒントになるのです。

注意点としては、あくまで思い出して考えるためのヒントなので、「○○さんと△月□日にディズニーに行って、～をして……」などと文章を書くのはダメ。「ディズニー」の中に「○○さん」「△月□日」と書く。こうしたリストをどんどん増やしていきます。

・入試が終わったあとにやりたいこと、行きたいところ
・好きな店
・好きなドラマ
・好きな映画
・趣味

これらは、私のクリニックでは楽しいことリストの必修項目です。それぞれの科目

（大項目）に、中・小項目を自分で書き足してくる、という宿題を出しています。

この楽しいことリストを実践すると、入試の直前でも不安にならず、楽しいことばかり考えることができますよ。

・動画やテレビは、集中して楽しむ

なかには、「10分間の休みは、動画を見たりゲームをしないとやっていられません」という人もいます。休み時間にゲームをするのは脳が疲れてしまうのであまりおすすめはしませんが、疲れること以上に本人が楽しいと思えるなら、いいと思います。

ただし、動画は見てもいいけれど、「ダラダラ見る」のは禁止しています。

動画（テレビでも同じです）は、どなたでも例外なくダラダラ見てしまっています。これは、前にお話しした放っておくと脳は「受け身になってしまう」ということが起こるからです。

自分の脳が主導的に動画を見る。面白くない動画（テレビの場合、録画）はすぐ飛ばして、たくさんある動画の中で、一番自分が楽しめるものを見つける……。

こうして、動画を10分間集中して楽しむ練習が必要です。

・歩く

脳には運動する「休み」も必要です。

運動といっても、必ずしも外に出て走ったり、散歩したりしなくてもいいのです。「スタンディング勉強法」の効果については前述しましたが、ただ立ち上がって、軽く体を動かしたり、トイレまで歩くだけでもいいでしょう。

「10分間の中で2分間トイレを往復して歩く。残りで動画を見る」でもいいし、「3分間ぐらい体操をしてみて、残りは楽しいことを考えてみる」でもいい。これだけでも脳を回復させるかなりの効果が得られるのです。

大事なのは、自分のその時々に最も合った休みの使い方を上手に実現していくことです。そのために、無理なく実現できる最適な休憩の中身をしっかり選び取れる能力を身につけていただきたいのです。

これこそが休みの集中力の自己管理の根幹です。それさえできれば、勉強の自己管理も必ずあとからついてきます。

しっかり休める人は、しっかり勉強できる

しっかり休める人は、しっかり勉強できる……。

しっかり勉強できる人は、しっかり休める……。

集中力という点では、勉強と休みはともに表と裏という補完関係にあり、自己管理という点では常に両面が一致しています。

見せかけの勉強量にだまされて、ダラダラ勉強に走ってはいけません。

前にも述べましたが、ほとんどの人が勉強のメリハリよりも量を重視し、勉強量を増やせば入試の合格や成績のアップが実現すると思い込んでしまっています。これがダラダラ勉強の癖を生み出しています。

とくに、現代っ子に多いのは、とにかく成績を上げるぞと毎晩夜遅くまで勉強し、途中でプツンと糸が切れたような状態になってしまって、ある日突然、極度のスランプに陥ったり、勉強を投げ出してしまうケース。この段階で私のクリニックに来るこ

とになるわけですが、原因を分析すると、調子が悪くなる前の段階で、ダラダラ勉強に走ってしまった人が非常に多いのです。

勉強量を増やせば、一日一日の勉強の進み具合や目先の成果は上がりますが、睡眠不足や十分に休めなかったことによる〝しっぺ返し〟がいつか必ずやってきます。

はっきりいえることは、勉強の持続可能性（サステナビリティー）が大事だということです。目先の成果に目を奪われて結局投げ出してしまう人は、持続可能ではない勉強になってしまっているといえるでしょう。

サステナビリティーというと、ＳＤＧｓ（Sustainable Development Goals：持続可能な開発目標）といわれる環境問題の用語として浸透していますが、勉強だってまったく同じです。

石油などの化石燃料を燃やしてエネルギーを安価に生み出せば、経済はどんどん成長させることができます。しかし、二酸化炭素の増加に伴う気候の温暖化で、このような経済成長には必ず限界が訪れます。つまり、持続可能性がないわけですね。

賢いはずの人類が、今、このような過ちをおかしているわけですが、実は勉強についても、賢いと思われている模範的な受験生ほど、同じような過ちをおかしてしまっているのです。

持続可能性がない勉強は、いずれどこかで破綻します。これについても今の環境問題とまったく同じです。

環境問題も勉強も、目先の甘い蜜に目がくらむということがいかに大きな災いをもたらす愚かな行為なのか、私たちは忘れてはいけません。

PART 4
記憶力アップ編

スマホを活用して、脳に効率よく記憶を残す！

13

寝ている間に記憶力を高める注目の「TMR学習法」

受験でも仕事でも勉強によって成功を手にするには、なんといっても記憶力が大きな鍵を握っているというのは、どなたも実感されていることでしょう。

記憶力についてもスマホはいわば諸刃の剣で、なんの工夫もなくダラダラ使っていると記憶力はどんどん退化してしまいますが、逆に最新の脳科学をきちんと取り入れれば、記憶力を飛躍的に高めることも可能になるのです。

この章では、そんなスマホの使い方を具体的にご紹介しましょう。

私のクリニックでは、スマホを用いた記憶力を高める方法を数多く指導していますが、なかでも、これもスマホによる勉強革命だと私が自信を持ってご紹介したいのが、「TMR」と呼ばれている最新の睡眠学習です。

権威ある科学誌『サイエンス』に論文が掲載されて以来、記憶の研究に取り組む世界中の専門家に注目されているのが「TMR」なのですが、医療機関として日本で初めて取り入れたのは、おそらく私のクリニックだと思います。

しかも、普通のスマホさえあれば、まったく費用もかからず、誰でも簡単に実践することが可能です。ぜひ、今晩から始めていただきたいと思います。

20世紀型の睡眠学習がうまくいかなかった理由

誤解してほしくないのですが、「TMR」は以前にブームになった睡眠学習とはまったく異なるものです。

1970年代から1980年代、私が中高生時代に「睡眠学習」が爆発的に流行《はや》りました。枕の形をしたカセットテーププレイヤー（睡眠学習機）を使って、覚えたい内容を録音してあるテープを寝ている間に延々と再生するというもの。

とくに、歴史の年号や英単語の暗記が苦手な人は当時から多く、しかも丸暗記が面白いわけはありません。それが、テープを枕元で一晩中再生するだけで、起きたときには頭の中に記憶できている……。

寝ている間に覚えられるなんて、なんとも楽チン。時間の節約にもなるので理想の勉強法だ……ということが当時はまことしやかに信じられていたのです。

この装置はけっこう高価でしたが、私も親に買ってもらってやりました。ところが、私に関していうと、まったく覚えられていない……。それどころか睡眠が浅くなり、その分、昼間、授業中に眠ってしまって、成績は逆に急降下みたいな感じになってしまいました。


では、人間の脳は寝ている間に新たに記憶するということが本当にできるのでしょうか。

答えはNOです。その当時の睡眠学習の理論は、今では完全に否定されています。

記憶というのは、起きているときに短期記憶が形成され、それが寝ているときに長期記憶に変わっていくのですが、寝ている間に新たな情報が記憶されるということは、よほど睡眠が浅くならない限りは起こらないことだというのは、実験のデータとして現在でははっきり確認されています。

21世紀型の睡眠学習「TMR」とは

今、脳科学の研究者の間で注目されている「TMR（Targeted Memory Reactivation：覚えたい記憶の再活性化）」という方法は、こうした従来の睡眠学習とはまったく異なるものです。

だから、私は昔流行った方法を「20世紀型の睡眠学習」、TMRを「21世紀型の睡眠学習」と呼んで区別しています。

もちろん、私のクリニックに導入して結果を出しているのは、21世紀型のTMRです。

これは一言でいうと、**昼間勉強して記憶したことを、夜寝ている間に効率よく脳に定着させる**というもので、そのときに利用するのが「音」と「におい」なのです。

なんだか面倒くさそうだと思われたかもしれませんが、そんなことはありません。スマホさえ使えば、実に簡単で、どなたでもお手軽に実践できます。

実際、忙しい受験生でも負担なく取り入れることができており、私のクリニックでは試験の点数がアップするという形で確かに良い結果が出ています。

ＴＭＲとはどのような理論なのか、どうやって実践すればいいのか。わかりやすくご紹介しましょう。

ＴＭＲの効果について、世界で初めて論文が発表されたのが11年前です。ドイツのリューベック大学のグループがユニークな実験を行い、『サイエンス』に論文を発表しました。

まず、起きているときにバラの花の香りを嗅《か》ぎながら暗記をしてもらいます。そして夜寝ているときも同じバラの香りを嗅いでもらうと、起きたあとによく記憶できていたという実験データが出たのです。

普通に考えたら、バラの花の香りに記憶を高める作用があるのではないかと思いますね。でも、暗記するときだけバラの花の香りを嗅ぐ、あるいは寝ているときだけバラの花の香りを嗅いでもらうという実験も行われましたが、どちらか片方だけなら記憶を高める効果は出ないのです。つまり、バラの花の香り自体には記憶力を高める効果はないということです。

記憶力が高まった理由は、起きているときにバラの花の香りを嗅ぎながら記憶すると、記憶した内容とバラの香りが脳の中でつながりを持つ、つまりリンクするわけです。その状態で寝ているときに同じバラの香りを嗅ぐと、それに結びついている記憶が再び活性化し優先的に脳に定着していくというわけです。

つまり、**寝ているときにどんな記憶を再活性化して定着させるか、選ぶ鍵となるものに香りが利用できる**ということなのです。

だから、覚えたいターゲットとなる記憶の再活性化という意味で、TMR（Targeted Memory Reactivation）と呼ばれるようになったのです。

その後、音についても同じような効果が実験データとして証明されています。やはり音が鍵になって、その音と一緒に結びついた記憶が、寝ている間に再活性化して定着してくれるということです。

やってはいけない暗記術

だったら、昔の睡眠学習のように、そのものズバリ外国語の音声を流せばそれでいいじゃないか、と思われたかもしれません。

実際、これについても同じくリューベック大学のグループが実験をしています。

母国語のドイツ語以外の言語として、実験ではオランダ語が選ばれました。オランダ語の知らない単語を、起きているときにオランダ語の音と一緒に覚えておいて、寝ているときにそのオランダ語の単語を流し続けました。そして、起きたあとでそのオランダ語を母国語のドイツ語に訳すテストをしたら、点数が上がったというデータを得たのです。

だから、そこだけを取ると、昔やっていた睡眠学習も、あながち意味がなかったとはいえないことになります。いわれていた寝ている間に覚えられるというメカニズムは間違いですが、私も含め、昼間も聞いている英単語を夜も流し続けて覚えようとした人は多かったはずで、結果的にはＴＭＲの効果で記憶の定着率が高まるという現象は起きていたはずです。

しかし、私は脳機能を扱う医師として、この方法は決してマネをしてはいけないと断言します。私のクリニックでおすすめしているＴＭＲは、このような方法とはまったく異なるので、早合点《はやがてん》しないでください。

寝ている間に覚えたい情報を音声で流し続けると、大半の方はかつての私と同じように睡眠が浅くなってしまいます。

実際に、今でも私のクリニックに来る受験生で、同じような方法をやっている人がたまにいますが、例外なく成績が低迷しています。

原因ははっきりしています。睡眠が浅くなるので、昼間は脳が働きにくくなるため、その弊害のほうがＴＭＲのメリットを上回ってしまうのです。

なかには不眠症になったり、情緒不安定になったり、場合によっては、うつ病になり、そのため私のクリニックを訪れることになってしまう受験生も決して少なくないのです。だから、こうした実験データが出ているからといって、絶対に手を出してはいけない勉強法だと強く警告します。

「音」を使って記憶力を高める

では、ＴＭＲの現象を利用して安全に効率よく記憶力を高めるには、具体的にはどうやればいいのでしょうか。

まず私自身がいろいろ試し、さらにうまくいったやり方をクリニックで指導している受験生にも試してもらって、しっかり効果が上がる方法を確立することができました。

まず音については、もちろん、勉強の内容そのものズバリを睡眠中に流すのは禁止で、その代わり、**波の音、川のせせらぎ、森を抜ける風の音のいずれかの中から好みで一つを選んでTMRに使います。**

たとえば、波の音を選んだら、昼間、英単語などを覚える勉強をするときは常に波の音を流し続け、記憶したい情報と波の音を脳内で結合させます。そのうえで、夜になったら波の音を流し続け、関連づけられている記憶を再活性化して脳内に定着させるわけです。

TMRに使用する音として、波の音、川のせせらぎ、風の音を選んだ理由は、これらはすべて**「f分の1のゆらぎ」と呼ばれる性質を持っており、眠りを促す、あるいは睡眠を深くする作用があるから**です。

また、マスキング効果と呼ばれているのですが、こうした音を流すことで、逆に生活の雑音が脳に入りにくくなり、それで眠りがより深くなるという利点もあります。

入試や本試験が近づいてきて心理的にピリピリしている受験生の中には、睡眠中に家の前を車が通ったときのわずかな雑音でも目が覚めてしまう、あるいは、チクタクチクタクという時計の針の音でも眠れなくなるという悩みをカウンセリングでよく耳にします。

実は以前から、こうした受験生に対し、睡眠中に波の音などを流し続けることで対処するように指導してきました。実際、たったこれだけのことでグッスリ眠れるようになる受験生が多いのです。

「毒をもって毒を制す」という言葉がありますが、「音をもって音を制す」というわけですね。**波の音が耳に入ると、耳の奥にある鼓膜張筋《こまくちょうきん》という筋肉がゆるんでくれるので、脳に音の刺激が入りにくくなる**のです。

睡眠にもプラスになるわけですから、ＴＭＲに波の音などを使用するのは一石二鳥だといえます。

私のクリニックでＴＭＲを指導するようになったのは1年前からですが、受験で神経質になってきて夜眠れないという方に対して、波の音などを聞かせるという取り組み自体は、15年ほど前から行っています。

ただし、当時はこれを実践するのが非常に面倒くさいことだったのです。まず、波の音などのCDを買ってきて、夜になったらそのCDをプレーヤーに入れて再生するわけですが、よほど不眠がひどくない限り、毎晩実践するのは嫌になっちゃいます。

しかし現在では、それが全部スマホで簡単にできてしまう。しかも、音源が無料で公開されているので、CDのようにお金を払って買う必要もありません。この点では、なんともありがたい時代になったものです。

ですから、とくに睡眠障害ではない人であっても、睡眠の質を高めるために、気楽な気持ちでお気に入りのf分の1のゆらぎの音をスマホで流す習慣を取り入れると、いいと思います。

さらにTMRの場合は、寝ているときだけでなく、記憶するときに音を流す必要があるわけですが、このときこそ面倒くさくないことが決定的に重要です。

さあ、英単語を覚えようとか、日本史、世界史で記憶しなければならないことがあったら、すみやかに波の音などを流すわけですが、このとき、2分も3分もかかるようだと、とてもではないが長続きはしません。

でも、スマホを使えば、すぐできちゃう。私のクリニックの受験生たちだと、慣れているので5秒ほどしかかかりません。

しかも、毎日やっていると、**5秒間、スマホを操作する指の動作自体が、記憶するための集中力を高めるスイッチの働きをしてくれるようになります。**

数年前、ラグビーの五郎丸選手のルーティンが話題になりましたが、同じような作用が記憶するための集中力にも発揮されるのです。


当然ですが、TMRの作用は、記憶しているときに流す音と睡眠中に流す音が一致していないと効果が出ません。

いったん川のせせらぎの音などと決めたら、少なくともその日一日は、音を変えてはいけません。

ただし、波の音、川のせせらぎ、風の音の中で何を選ぶかは、その日の気分で決めて結構です。たとえば、今日は森を駆け抜ける風の音を聞いて、明日は川のせせらぎの音……などと日替わりにしてもいいわけですね。

私のクリニックで指導している受験生たちは、慣れるまではじめは同じ音で延々とやっていますが、大半の人はやがてその音に飽きてしまって聞き続けるのが嫌になるといいます。

そんな場合は、迷わず音源を変えましょう。ただし、一日ごとに音を変えると、前日、前々日に覚えたことが夜にTMRの作用を持たないことになってしまうので、少しもったいない気がします。

実験データを見ますと、3日間ぐらいは同じ音を続けるというのが目安です。一人一人が自分の感性で、飽きない程度のローテーションで回していくといいでしょう。

「におい」を使って記憶力を高める

ここまで、音を利用したTMRについてご紹介してきましたが、前述の研究論文に示されているように、においについても同様の効果があります。

そこで、私のクリニックでは、においについても記憶力のアップに積極的に活用するよう指導しています。

においに関する脳科学の研究では、イスラエルのワイツマン科学研究所が世界をリードしており、実際に数多くの有力な論文を発表しています。その研究で、記憶力を高める効果が最も大きいのは、良いにおいではなく実は臭いにおいだということがわかりました。

それはなぜかというと、食べ物が腐ったにおいと獣のにおいは、どちらも臭いわけですが、いずれも生きていくうえで決定的に危険なことにつながっているサインだからです。だから、安全に命を永らえるためには、臭いにおいについて記憶力を高めておく必要性がありました。

腐ったにおいの場合、たとえば、こういう状況に卵を置いていたら腐っちゃった……といった経験をしたら、そのことをよく覚えておかないと、再び腐らせて、せっかくの貴重な食料を台無しにしてしまうかもしれません。

また、納豆やくさやの干物のように、微生物が発酵することで栄養価が高くなるものと、食べたら命を落としてしまいかねない腐敗があります。どちらもよく似た臭いにおいではありますが、この場合は大丈夫だけれども、この場合はおなかが痛くなって大変なことになるなどと、できる限り詳細に記憶しておく必要があったのです。だから、臭いにおいとつながりがある場合に記憶力が高まるように脳が進化したわけです。

一方、獣の臭いにおいは、もっと切実です。

たとえば、トラやヒョウなど近づいてきたときに、獣の臭いにおいとともに、その状況を詳しく記憶しておかないと命を落とすことになってしまいます。

臭いにおいはこのように記憶力を高める必要性が高いので、TMRについても脳は臭いにおいを用いたほうが効果が大きくなるのは確かです。ただし、音と同じように睡眠の質を落としてしまったら台無しです。この点には留意してください。

私のクリニックの受験生でも、一人だけ、「僕はラグビー部なので、臭いにおいのほうがいいんです」という人もいました。彼のラグビー部の部室は、かなり臭いらしいのです。それに慣れているので、臭いほうが安心してよく眠れるということでした。

でも、今まで多くの受験生を指導してきた中で、そんな人はたった一人だけ。やはり、現実的には、臭いにおいでグッスリ眠れるという人は、めったにいないでしょう。そこで私のクリニックでは、寝つきを良くして深い睡眠に誘導する効果が実証されている次の香りを利用して、においによるTMRを行ってもらっています。

・ラベンダーの香り

よく眠れる効果が実証されている定番の香りでいうと、ラベンダーでしょう。それから、杉やヒノキの香りについても安眠効果が証明されているので、こちらもＴＭＲに使えます。自分の好みで、どれか気に入ったほうの香りを選べばいいでしょう。

たとえば、ラベンダーの香りでＴＭＲを行うのだったら、何かを記憶する直前にラベンダーの香りのアロマスプレーを部屋にシュシュシュッとスプレーしてから勉強に取り組みます。

こうして**脳内で覚えたい記憶とアロマの香りをリンクさせておき、夜にも枕元にシュッシュッシュッとスプレーしてから眠ると、ＴＭＲの作用で優先的に記憶が脳内に定着してくれるわけです。**

とくに女性はラベンダーの香りが好きなようで、ＴＭＲを教えてあげると、女子の受験生は大半がラベンダーのスプレーを勉強部屋に常備し、楽しそうに取り組んでくれています。

・コーヒーの香り

私自身が実践しているのは、コーヒーの香りを利用したTMRです。意外かもしれませんが、実はコーヒーの香りも睡眠をいざなう効果があることが実験で証明されています。

もちろん、コーヒーを飲んでしまったら、含まれているカフェインの作用で目が覚めますので、夜は飲んではいけません。でも、香りを嗅ぐだけだとその正反対で、睡眠を促してくれる作用があるのです。

コーヒーの香りでTMRを行うメリットは、昼間に勉強するとき、いつでもどこでも、違和感なく香りを嗅ぐことができる点です。

何かを覚えたいときに、ちびり、ちびりとコーヒーを飲みながら香りを嗅げばいいのです。香りを嗅ぐのが目的なので、ガバガバと大量に飲む必要はありません。飲むふりをして、コーヒーカップに鼻を近づけるだけでもいいわけです。

ラベンダーのスプレーを利用する場合は、自分の部屋でしか行えません。会社や学校など共用のスペースでアロマのスプレーを散布したら、さすがに大迷惑ですね。でも、コーヒーだったら、周囲に気兼ねすることなく香りを嗅ぐことができるわけです。

一方、夜寝るときは飲んではいけないので、私がやっているのは、コーヒーの豆が入った瓶をふたを開けたまま枕元に置いておくという方法です。コーヒーの粉でも結構です。枕元にコーヒーの香りがほのかに広がり、なんとも心地よい気分で眠れます。

もちろん、睡眠中にコーヒーの香りによるTMRの作用で記憶も定着してくれます。

私の場合は、朝起きたら、そのコーヒーをひいて、モーニングコーヒーを飲むのが日課です。とても気分の良い朝になりますよ。

この方法のメリットはもう一つあります。

コーヒー自体に記憶力を高める作用が証明されていますので、**コーヒーを飲んだあとで暗記したことは記憶に残りやすい**というデータが出ているのです。

これはカフェインの作用が大きいといわれています。だから、記憶にとっては一石二鳥になるので、コーヒーの香りを使ったTMRは、ぜひ、取り入れていただきたいと思います。

14

「検索機能」を使った関連語連想記憶術

受験生の暗記といえば、なんといっても大きなウエイトを占めるのは英単語ですが、これについても、スマホの検索機能を上手に使うことで、脳機能にピッタリ合った効率のよい記憶に切り替えることができます。

英単語を「書いて覚える」愚

その方法を解説する前に、多くの方がやっている英単語の記憶方法がどうして効率が悪いのか、脳科学の面からご説明しましょう。

私のクリニックにカウンセリングを受けに来た受験生に、どのような方法で英単語を暗記しているのかたずねると、ほぼ全員が、脳の仕組みに合致しないため次から次へと忘れてしまうという、とっても残念な暗記の仕方をしています。

多いのは、英単語を発音しながら書いて、また発音しながら書いて、さらにまた発音しながら書いて……と、ただひたすら発音しながら書くのを繰り返す人です。

いわゆる「書いて覚える」暗記法。みなさんもやっていませんか。もしもそうなら、ただちにやめるべきです。

短期記憶にはなっても、長期記憶にはなりにくく、覚えても覚えても、時間が経つと忘れてしまうので、とても非効率的です。

私のクリニックに来る受験生に、ふだん単語をどうやって覚えているかを把握するために、ノートを一緒に持って来てもらうということがよくあります。

先日いらした受験生のノートには、

「opportunity, opportunity, opportunity, opportunity……」

と同じ単語が20個、羅列して書かれていました。

「それで、opportunityの意味は何？」と聞くと、まったく答えられないのです。理由は明快です。長期記憶にならず、脳をスルーして忘れてしまっているのです。

ちなみに、前日や前々日に覚えた単語だったら、どんな方法で暗記しても、そこそこ記憶には残っているものです。でも、こんな方法だと、覚えてから2週間以上が経過すると、ほとんど記憶に残らないのです。

私は脳科学の知識としてそのことを知っているから、ノートの中でわざと2週間前のページを開いて「opportunityの意味は何?」と受験生にたずねたわけです。少し意地悪ですが、覚えては忘れることを繰り返す無駄な勉強をしていることを受験生に自覚してもらうためには、避けて通れないステップです。

同じような丸暗記型の勉強をしている方は、ご自分でも、2週間前に暗記した英単語の記憶がどれだけ残っているか、再確認してください。おそらく、ほとんど忘れていて、無駄な苦労をしたことに悔しい思いが湧き上がってくるはずです。

書いて覚えるやり方では、なぜ忘れてしまうのでしょうか。

情報をただそのままの状態で丸暗記することを、認知科学では**「維持リハーサル」**といいます。この場合は、**海馬にその場限りの記憶として保存される「短期記憶」にはなりますが、大脳新皮質に半永久的に保存される「長期記憶」には移行しません。**

だから、せっかく覚えても、最長でも2週間しか持続せず、次々と忘れてしまうのです。
これは、小さい容量しかない海馬の宿命です。

長期記憶にするためには、覚えたいことを丸暗記するのではなく、それがどういう意味を持つのかを自分なりに考えたり、何らかの感想を抱いたりする必要があります。認知科学では、これを**「精緻化リハーサル」**と呼びます。

後ほど方法を詳しくご紹介しますが、スマホを上手に活用すれば、英単語の記憶を一気に「精緻化リハーサル」に変えることができます。実際、私のクリニックで受験生に指導したところ、ほぼ例外なく、単語力は大幅にアップしています。

「短期記憶で終わる」維持リハーサルから「長期記憶に残る」精緻化リハーサルへ

精緻化リハーサルというのは、簡単にいうと、考えて覚えるということです。

なぜ、考えることで長期記憶になりやすいかというと、受動的ではなく、自分の意思で能動的に脳を使うことによって、すでに脳内に存在している記憶のネットワークが活用しやすく、新たな記憶のネットワークが構築しやすくなるのです。

脳の仕組みからいえば、朝から夜まで見聞きしている情報をいちいち覚えていたら脳がパンクしてしまいますので、大事なことだけを短期記憶から長期記憶に残すようにできています。

わざわざ自分の意思で能動的に考える内容は、他人から押しつけられただけの受動的な内容より、生きていくうえで大事なことが多いですよね。だから能動的に考えることを優先的に長期記憶に残すように進化したわけです。脳の仕組みとして極めて合理的なことだといえます。

だから、考えないで、ただ繰り返し書いて覚える勉強法をしている人は、その合理的な脳の仕組みを非合理的に使ってしまっているということです。大きな損をされているので、ただちに記憶のやり方を変えるべきです。

七 英単語は語源で覚える

では、どうすれば半永久的に消えることがない精緻化リハーサルで記憶できるのでしょうか。

英単語の場合は、「語源」について考えるのがベストです。

この語源を調べることが、今ではスマホによって劇的といえるほど簡単にできるようになりました。

学生時代の私も含め、昔の受験生は、これが実に大変だったのです。普通の辞書で調べても、語源まではあまり載っていません。私は一時期、英英辞典で調べていましたが、非常に面倒くさい。場合によっては、英語で書いてある語源の説明文の単語自体がわからなくて、それをまた調べ直したり……。そんな習慣は、せいぜい3日間ぐらいしか持ちませんでした。

それがスマホなら、「〇〇（覚えたい単語）語源」と音声入力して検索ボタンを押すだけで一発でわかります。

では、精緻化リハーサルのやり方を具体的に理解していただくために、先日、クリニックに来た受験生のAくんに私が指導したやりとりを紙上に再現してご紹介しましょう。

opportunityを覚えるために、まず、ノートに大きくopportunityと書いてもらいます。

Aくんも含め大半の受験生は、小さい字で書こうとしますが、それはダメ。ノート1ページを使って1単語を覚えるのがベストです。はじめに書くopportunityはその表題のようなものですから、ページの上の部分にできるだけ大きくopportunityと書きます。

Aくんは、1つの単語を覚えるのにノートの片面を使うのはもったいないと感じたようですが、よく考えれば、100円の安いノートだったら、1ページあたりの単価なんて、ごくごく安いものです。

さて、持参してくれたノートに小さい字で書かれた単語を見ながら、新しいノートに大きい字でこう書いてくれたAくん。

「opportunity」

何か変だなと思ったら、rが入っていませんでした。

ノートに写しているだけなのに、なぜそんな間違いをしてしまったかというと、まさしく頭を使わずに機械的に書いているからです。精緻化リハーサルができていないことが図らずも露呈しました。次項で説明しますが、語源を考えながら書いていれば、

rを落とすことはないのです。

彼の場合、pが2つ書いてあるだけでもマシ。「oportunity」とpを1回にしてしまうスペルの間違いも多いのです。

rが抜けるにしろ、pが2つないにしろ、opportunityの語源を頭で考えていればあり得ない間違いなのです。この単語に限らず、頭を使わずにスペルを丸暗記している人は、この機会にぜひ猛省してください。

検索機能を使って連想記憶

では、opportunityって、なぜopportunityと書くか知っていますか。

わからないなと思ったら、

「opportunity　英語」

と、スマホに向かって話しかけてください。すると、「opportunity」とスマホが単語を読み上げて検索結果が表示されます。

検索のコツは、カタカナ英語でいいのでスマホに単語をしゃべったあと、ちょっと間をあけて「英語」ということ。発音が悪くて、それでも出てこない場合は、「機会英語」と日本語にしてもいいです。いろんな検索結果が出てきますが、私が一番おすすめしているのは、Weblioの辞書です。

Aくんのスマホも、はじめはなかなかうまく認識しませんでした。でも何回か繰り返すうちに、スマホのほうが学習してくれるため、やがて一発でWeblioの辞書が出てくるようになります。こうなればシメたものです。ものすごく専門的な言葉以外だったら、必ず語源がどこかに書いてあります。

こうしてopportunityの語源をスマホで調べると、opはobが変形したもので、「～に向かって」という意味です。

opの次がport、運ぶです。

「きみ、port　知ってる?」とAくんに聞くと、「よく知っています。港ですよね」という答えが返ってきました。

そうです。港がportというのは中学生でも知っていますよね。実は「運ぶ」から港なんです。だから、ob-port-tunityのityというのは、その状態。もうこれで完璧に頭を

スマホを使って自分だけの単語帳をつくる①

1ページに
1単語
大きく書く
どこで区切るかが大事。
色を変えて囲む
（スペルミスが防げる）
opportunity 機会
●ob で知っている
単語を書いて
みよう
●port で知っている
単語を書いてみよう
op=ob ～に向かって
例 object
port 港
例 import
export
support
report
引き出し線を引いて、それぞれの語源に関連する単語をスマホを検索しながら自由に書く

・語源が一緒の単語をついでに覚える。

・派生語が出てこないページがあってもいい！
紙いっぱいに単語を埋めようと思わないこと。
後から書き足すためには、スカスカであることがむしろいい。

使ってｒが入ることが覚えられます。

スペルは、ob-portのｂが次のportのｐに引きずられ、同じｐに変形しただけの話です。ブがプになるというのは、日本人でも理解できるはずです。「憚る」の正しい読み方は「おもんぱかる」ですが、実際には「おもんばかる」と読む人のほうが多いようです。バビブベボがパピプペポに変わるのは、世界共通の現象なのです。

元がport だと理解していればｒが抜けるなんて、ありえない……。ob-portがopportになったことを理解していれば、ｐが1個になるなんて、ありえない……。だから、スペルのミスは起こりえないのです。

ただし、脳機能の上で最大のメリットは、以上のような考えを巡らせること自体が完璧なる精緻化リハーサルになっているから記憶の効率を上げるということです。

語源を手がかりにしてopportunityという単語の成り立ちを考える。そのプロセスを通して精緻化リハーサルでopportunityが長期記憶になってくれるのです。そうなれば、もう、語源など意識しなくても半永久的にopportunityは脳内に保存されます。

「丸覚え」や「ゴロ合わせ」より効率よく暗記できる

誤解してほしくないのですが、語源が覚えるのに便利なものだということを言いたいのではありません。そんなことは、私が声高に叫ばなくても、ある程度、勉強法に通じている方ならご存知のことだと思います。

精緻化リハーサルを進めるために、考えるきっかけを与えてくれるのが語源だということです。**覚えるのに便利だというのは、語源のオマケの部分であって、最も大事なのは精緻化リハーサルを行うことです。**

だから、スマホで語源を調べたあとは、その意味を考えるプロセスがとても大事です。最近は語源で英単語を覚える本も数多く出ていますが、そこに書かれている語源の説明を丸覚えしてしまったら、精緻化リハーサルの効果は消滅してしまうので注意してください。

opportunityの場合は、なぜ、「～に向かって運ぶ」が「機会」という意味になったのか、みなさんも一緒に考えてみてください。何を運ぶのだと思いますか?

そんなの、言語学の専門家以外、わかるわけない……。そう思われたはずです。もちろん、私自身も詳しいことは知りません。でも、それでいいのです。単語を覚えることが目的であって、どうしてこの単語が生まれたのか、正しい語源を覚えることが目的ではありません。だから、語源については正解である必要はないのです。

やるべきことは、何を運ぶのか自分なりにイメージしてみることです。それこそが能動的に自分の脳を使う精緻化リハーサルなのです。

大事なのは、自分なりの物語を作成することです。あくまでも語源をきっかけにするだけで、ディテールについては、自分で創作することこそが高度な精緻化リハーサルになり、効率よく英単語を記憶できる秘訣なのです。

では、話をopportunityに戻しますが、何を運ぶのか。

私はたぶん運命だと思いますね。自分の運命を運ぶ。だから、opportunityの意味が「機会」「好機」になった。

ただ、その解釈を受け売りしてはダメ。私から押しつけられた運命をportするから

opportunityという考え方を丸暗記したら、精緻化リハーサルにはなりません。これは、一番やってはいけないことなのです。

ちなみにAくんは、「運ぶというと、ポーターさんが何か仕事をする機会ということかな?」と推測していました。この解釈は、正直にいって、言語の歴史からいうと、たぶん間違いと思います。でも、精緻化リハーサルでopportunityを記憶するには、これでいいのです。

Aくんが思いついたことは、Aくんが覚えるためにはそれが正解、私が思いついたことは私が覚えるためにはそれが正解。100人いれば、100通りの正解がある。それが精緻化リハーサルの極意なのです。だから私はAくんに「きみ、ポーターさんの解釈で百点満点だよ」と激励してあげました。

連想ゲームで関連語を一気に覚える

「私はopportunityって運命を運ぶんだと思うね」ということを話したら、Aくんは、「運命って、英語では何だったかな」とつぶやきました。

その瞬間、私の目の輝きが変わったことを、読者のみなさんに見せてあげたいです。**脳は自分で能動的に興味を持った瞬間が、最も長期記憶になりやすいのです。**そんな貴重なopportunity（機会）を見逃してはいけません。

そこでも役立つのがスマホです。

販売されている単語集で勉強するのも必要なのですが、最大の欠点は掲載されている英単語の順番は決まっているということです。仮に語源の解説が丁寧に掲載されていても、その順番通りに勉強したら、その部分は受動的な脳の使い方になってしまいます。

ほんの少しでも興味を持ったり疑問に思ったりしたら、その瞬間にスマホで検索して覚えてしまうことを強くおすすめします。

ということで、「運命って、英語で何だっけ？」と思ったAくんの興味が冷めないうちに、「運命　英語」とスマホに吹き込むと、「destiny」が出てきました。

このように、**ほかの単語に興味が広がったら、ノートの別のページにdestinyと書いて、destinyに関連する英単語を一気に覚えましょう。**

スマホでdestiny の語源を調べると、de＋sti。sti，staは動かない状態でそこにあるとも書かれていました。

stがつく言葉、たとえばstationは、そこに動かず設置されている→駅、arrestは本当は逃げたいんだけれども、逃げられないよう動けなくする→逮捕する。postはある場所に置く、入れる→郵便。stanceはヘナヘナと動いているのではなくドーンと構えている→姿勢ですよね。

exsistは、sist定まっているところからex外へ出ていく。だから「存在する」。consistはsistがconともにある。だから「両立する」……。

destiny はstをdeで強めてあるということ。だから、避けられない運命……。イメージとしては、自分の意思でヒョイヒョイヒョイと変えられるということではなくて、もう地面にくっついているように動かない状態だという意味が込められているんだな……。そんな連想がAくんと私の脳の中でどんどん広がりました。

destinyからdestinationも覚えたくなりますね。destinationも運命だから到着地点。そうすると、キリスト教や西洋文明的な物事の考え方というのが、だんだんわかってきて面白いと、Aくんも大喜びでした。

もちろん、arrestもexsistもconsistも、一単語から語源が同じ言葉を一緒に一気に覚えてしまいましょう。

大切にしていただきたいのは、「そんな語源だったんだ！」という発見の感動をかみしめることです。

PART1でご紹介したように、**この瞬間、脳内ではアハ体験が生じており、さらに長期記憶になりやすい状態なのです。発見の感動を大切にすると、勉強自体も楽しくなってくるので、一石二鳥です。**

スペルがどっちかな？　と迷ったら…

opportunityのところでも少しふれましたが、**語源で迫ると、スペルについても丸暗記ではなく精緻化リハーサルができます。**

受験生のなかには、distinyとeとiを書き間違えてしまう人もいるでしょう。これを「destiny」なんだと丸暗記するのではなく、スペルについても我流《がりゅう》でも勘違いでもいいので、自分なりに考えて精緻化リハーサルをしてください。

たとえば、disには反対や否定の意味があることは、若い人の間で流行語になっている「ディスる」という言葉から連想できる人も多いでしょう。

disrespectは、respect（尊敬する）の反対で「軽蔑する」、discloseは、close（閉じる）の反対で「公開する」、discoverはcover（覆い）を外すイメージで「発見する」です。destinyはこういうdisではないんだと、自分の頭で考えることを一度しておくと、精緻化リハーサルが進み、eを・iと書き間違えることはありません。

あるいは、「下へという意味のde」だと連想を広げておくと、スペルでどっちかなと迷ったとしても、やはり、diと書くミスをしなくなります。下に置いてあるものは安定しているから、強意も下もまあ似たようなものかなというのが、私のイメージです。

たとえば、de（下へ）＋cad（落ちる）で、decadence「退廃（デカダンス）」、de（下へ）＋pend（ぶら下がる）でdepend「依存する」。de（下へ）＋posit（置く）でdeposit「堆積する」「貯金する」。

こうして、自分だけの単語ノートをつくってください。

単語は、どんどん脱線していってかまいません。むしろ、どんどん脱線することこそが「ああ、そうなんだ」と思うアハ体験の効果を強くしてくれるのです。長期記憶への効率を考えたら、勉強の仕方として最も正しい方法だと私は確信しています。

単語の意味がわからなくても、だいたいの訳を類推できる

こうした英単語の覚え方をしておくと、もう一つ大きなメリットがあります。

初めて見た全然知らない単語であっても、スペルから、だいたいこんな感じだよね、という大まかな意味の方向性が見えてくるのです。**正しくは訳せなくても、減点を最小限にとどめられるというメリットがあるわけです。**

実は、アメリカ人だってすべての英単語を正確に覚えているわけではなく、スペルの雰囲気からなんとなく察して大まかに文章を読み取っているのです。

よく考えれば、われわれ日本人だって知らない日本語はいっぱいあり、適当に類推してしのいでいますね。

つまり、語源からイメージを広げて精緻化リハーサルで言葉を理解するというのは、言語の習得の王道の中の王道だといえるのです。本当は今までやっていた丸覚えのほ

うが邪道だったわけです。自信を持ってこの方法を実践してください。

慣れが必要！

今まで私のクリニックで指導した受験生たちもみんなそうでしたが、注意しておきたいのは、この方法が初期の段階だけはすごく効率が悪いということです。

とくに、普段から物語を自分で考えたり連想を広げたりする経験がなく、「ここを覚えなさい」と先生から指示されたことを丸暗記する習慣に染まってしまった人たちは、とりわけ精緻化リハーサルに切り替えるのに、ある程度は訓練が必要です。

Weblioの辞書を見て、書かれている語源から連想を広げ、あるいは、自分なりにかみ砕いて、アハ体験に持っていく。これは、はじめはかなりの時間がかかります。

ただし、これは単なる慣れの問題です。頭の良し悪しは関係なく、やっていると、どんどん、どんどん速くなってきて、誰でもすぐできるようになります。

なかには、はじめは1つの英単語に対して30分もかかってしまう人もいますが、そんな場合でも、やがてそれが10分になり、5分になり、最終的には1分ぐらいになります。

1分で英単語を1つ精緻化リハーサルで記憶できるようになれば、英語の実力は飛躍的に高まります。

カタカナで連想を広げる!

連想を広げて記憶するには、カタカナの外来語もとても役立ちます。

「レポート」「サポート」などカタカナの外来語で何か連想するものがあったら、迷わずノートに書き留めておきましょう。

Aくんにopportunityともう一つ、「一番覚えるのが苦手なやつをやろうよ」と言って、彼が出したのがcontainです。

今度はスマホで検索する前に、自力で連想してもらいました。何でもかんでもすぐ答えに到達するなんていうのは、脳によくありません。

containって、どんなイメージを持ちますか?

Aくんは、「コンテナを思いつきました」とのことで、私は、「はい。それはもう、ほとんど100点に近いな！」と大いに激励しました。私たちが普通に使うカタカナの外来語は英単語を覚えるためにはものすごく大きな資産です。利用しない手はありませんね。

　コンテナという素晴らしい連想がAくんから出たところで、スマホに「contain　英語」とつぶやいて検索。

　tainって「保つ」という意味なんですね。conは「ともに」。「ともに」＋「保つ」で含むというのはピンとこないかもしれませんね。

　そこで、Aくんの連想を採用し、スマホに「コンテナ　英語」とつぶやくと、「container　容器・貨物輸送用コンテナ」

スマホを使って自分だけの単語帳をつくる②

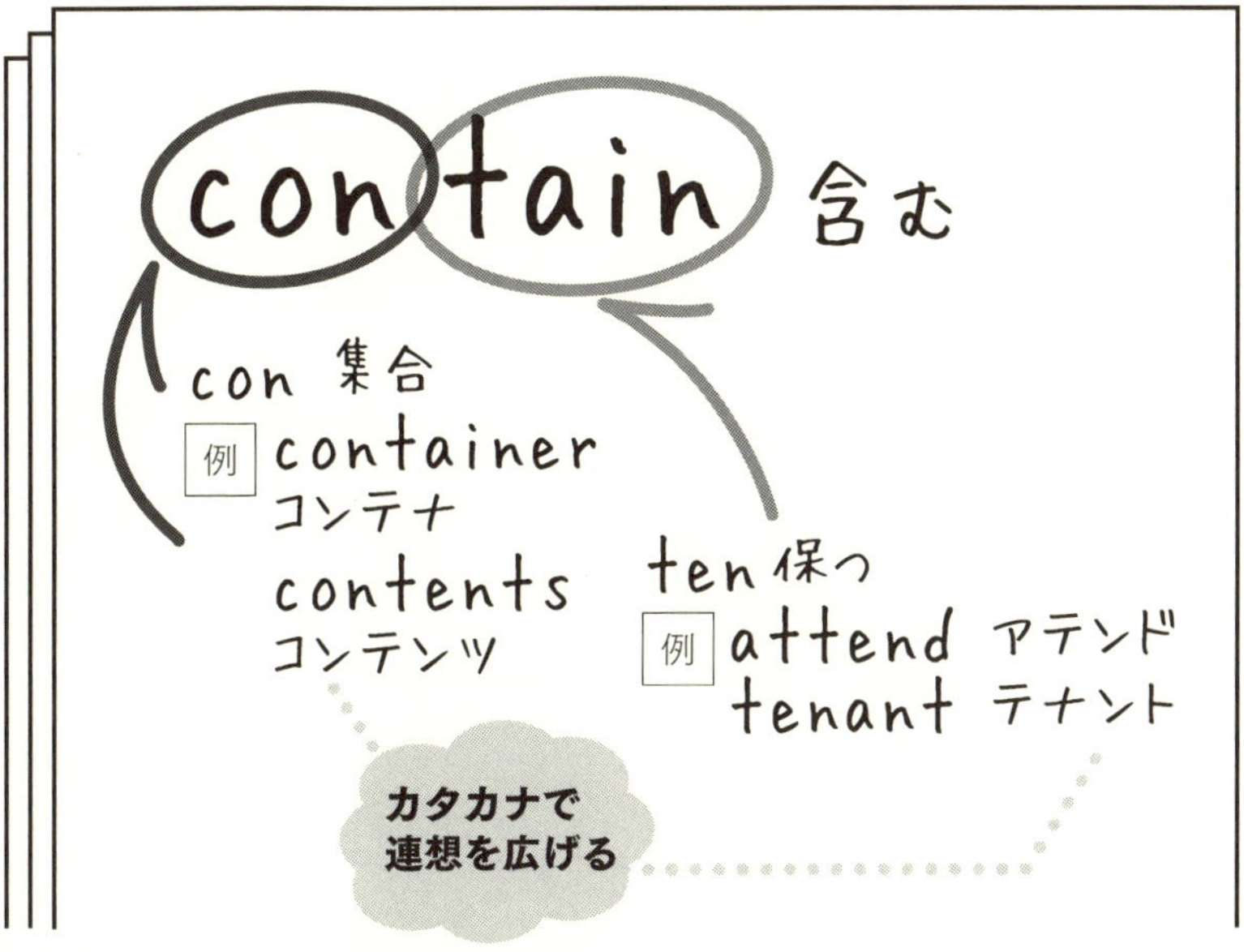

が出てきました。

私はcontainerという英単語が容器を意味することは知っていましたが、貨物輸送用コンテナもcontainerだとは知りませんでした。これには私も大興奮。

コンテナもcontainerなんだとわかれば、容器という意味はコンテナそのままです。erをつけて容器という名詞になるのなら、containという動詞が「含む」を意味するのも、考えれば簡単にわかっちゃうことです。Aくんも大いに感動し、一発で覚えてくれました。

ちなみに私自身は、学生時代、containのtainは「手に入れる」→「手入……」→「テイン」と、ダジャレで覚えていました。**ダジャレも、自分の頭で考えれば、立派な精緻化リハーサルです。**

まあ、若いAくんに「オヤジギャグだ」と思われるのは嫌なので、これだけは言うのを自重してしまいましたが、ダジャレも記憶に積極的に活用しましょう。

ジェスチャーを使って言葉のイメージを持っておく

長期記憶をより確実に作り上げるには、ジェスチャーも使って、皮膚感覚で連想を広げることが効果的です。

たとえば、containはcon「ともに」+tain「保つ」ということを頭で考えるだけだと、「含む」という意味を連想するのはちょっと難しいかもしれません。でも、両手で左右から包むようにするジェスチャーをすると、いかにも「含む」という感じになります。Aくんも、「ホントだ！　ホントだ！」と納得してくれました。

あるいは、ジェスチャーで手を中へ寄せながらimport「輸入する」、外へ押し出しながらexport「輸出する」。脳への刺激は、頭の中だけで考えるより。はるかに強力なので、記憶に焼きつける効果も格段に大きくなります。

語源の一つ一つのかたまりは、ジェスチャーで済むぐらいの単純な意味なので、語源で覚えると、英単語は、ほぼすべてジェスチャーで表現できます。

実は、脳科学の研究でも、そもそも言語は身ぶり手ぶりが、だんだん高度化してきてできあがったものだという説が有力なのです。

これが正しいとしたら、単語というのは、脳の感覚においても、簡単なジェスチャーで済むような意味が複数集まって特別な意味に構成され、高度になったものだということになります。

ですから、ジェスチャーで英単語を記憶するのは、人類の脳の進化をたどっていることにもなるわけです。やはり、小賢しい工夫ではなく、脳が効率よく記憶できるようになる王道の方法だといえます。


ここまでスマホを活用した英単語の効率的な記憶方法についてご紹介してきました。いうまでもなく、英単語を記憶することは受験生にとっても社会人にとっても大切なことなので、重点的に取り上げました。

しかし、スマホを使ってアハ体験を繰り返し、徹底的に精緻化リハーサルを行えば効率よく記憶できるというのは、ほぼすべての科目についていえることです。

その基本戦略も、英単語の記憶と同じです。どうして語源に着目するとアハ体験と精緻化リハーサルにつながったのかといえば、それは「なぜ」という究極の疑問にダイレクトに答えを出すものだったからです。なぜ、opportunityはpが2つ続くのか？　なぜ、rが入るのか？　なぜ、機会を意味するのか？　これらのなぜに、精緻化リハーサルを導く考える機会を与えてくれて、発見の感動につながるアハ体験もさせてくれる道標になるのが語源だったわけです。

でも、英単語以外でも、すべて、なぜにこだわれば、同じことが可能です。国語も社会も理科も、なぜにこだわってスマホで検索すればよいのです。**最も簡単なやり方は、ズバリ、スマホに向かって、覚えたい用語の後に、「なぜ」を入力して検索することです。**

たとえば、「G20　なぜ」と検索したら、「オイルショックへの対応でG7（サミット）が始まったが、アジア通貨危機へは対応できなかったので新興国も含めてG20が開かれるようになった」という説明が出てきます。私はG7がオイルショックへの対応で始まったことは知っていましたが、G20がアジア通貨危機への対応でできたことは知らなかったので、アハ体験と精緻化リハーサルが脳内で確実に起こりました。「なぜ」を追加して検索するテクニックは、ほぼすべての科目で有効です。

私のクリニックには、医師国家試験の受験生も多いのですが、医学の勉強にもこの方法はとっても役立っています。たとえば、アルコール依存症の治療に使う「アンタブス」という薬があります。もちろん、「あんたがブスだ」という意味ではありませんが、疑問を持ったら「アンタブス　なぜ」で検索すると、anti-abuse（乱用を止める）からAntabuseになったのだとすぐにわかります。

ただし、一般の方がいきなり同じ検索をしても、こうした画面はなかなか出ないようです。医学部生であってもスマホを勉強に使っていないと、「アンタブス　なぜ」で検索したら、「あんたがブスな理由」がズラリと表示されクリニックは大爆笑。普段から医学用語を検索しているからこそ、役に立つ画面がダイレクトに出るようになるわけです。

Googleの検索技術には目を見張るばかりですが、逆にいえば、検索する私たちも、日々試されているのです。あなたのスマホも、いわば生き物です。自分自身と二人三脚で成長していきましょう。

エピローグ

ここ数日、診療以外の時間はすべて、本書の執筆に全身全霊を捧げてきたつもりです。そのためか、エピローグを執筆している今、フィナーレを目前にし、学生時代、学園祭の終わりに感じたような、充実感と一抹の寂しさが入り交じる独特の感慨に満たされているところです。

『スマホ勉強革命』という本書のタイトルは、私から出版社に強く要望し、実現したものです。当初は、突拍子もないフレーズで書名にふさわしくないという否定的な意見のほうが多かったのですが、「単なる勉強のノウハウを伝える本ではなく、勉強に革命を起こせる本にしたい」という想いを伝え、説得に成功しました。

そのような経緯もあり、中途半端な本にするわけにはいかず、最後まで全力を投入し、意欲的な作品に仕上げることができたと自分では感じています。

なぜ、タイトルに「革命」という言葉を使いたかったのかというと、日本人の勉強の現状に、私は深刻な危機感を抱いているからです。受験生を合格させるための心療内科クリニックの院長として、私は日々、勉強の実態と向き合っています。そのなかで、日本人の勉強が時代の流れから取り残されつつある現実を皮膚感覚で痛感させられているのです。

勉強はいうまでもなく、この社会のなかで個人がよりよく生き抜くための手段です。しかし、日本人が行っている勉強の実態は、その役割が果たせないものに変わりつつあります。

今、人工知能の発達が社会のありようを激変させようとしています。第4次産業革命は、もう目前まで迫ってきているのです。

でも、勉強の実態はどうでしょうか。丸暗記によって目先の成績を上げたい……。勉強時間を増やして、知識の量で志望校に合格したい……。問診を行うと、受験生も親も、そんなことばかりを求めます。

そもそも、脳科学を無視したやり方では成績が上がるはずはなく、志望校にも合格できません。でも、それ以上に問題なのは、ITがもたらした第3次産業革命どころか、その前の大量生産を追い求めた第2次産業革命の発想まで、逆戻りしているということです。

人工知能が普及した社会で人に求められるようになるのは、人間味あふれた知恵を自らが主体的に生み出していく能力でしょう。そのために役立つ記憶法こそが、アハ体験を楽しみながら、自分で考えて精緻化リハーサルを行う勉強だと私は確信しています。だからPART4では、こうした勉強法に徹底的にこだわったわけです。

もう一つ、私が危機感を持っているのは、日本人のメンタルが弱く、過敏になっているということです。若い人たちの心は、ちょっとしたことで壊れやすく、まるで繊細なガラス細工のようです。

こうした変化を生み出した原因の一端は、間違いなくスマホの普及にあります。幼少期から大人に至るまで、人と人が、直接、顔を合わせて心をぶつけ合う機会が大幅に減り、こうしたプロセスを通して自然に行われるはずの心の鍛錬が不足してしまった影響が大きいのです。

この時代の流れはもはや変えようがなく、心を守るためにはスマホを使ったメンタルトレーニングが是が非でも必要です。こうした想いで生み出したのが、PART2でご紹介したスマホにメンタルトレーナーの役割を担わせる方法なのです。

このように、本書でご紹介した勉強法を含め、私が院長を務める本郷赤門前クリニックでは、受験生お一人お一人の脳機能を最新の検査装置で分析したうえで、メンタル面の状態に合わせて最も合格率が上がる勉強方法を私自身がデザインしご指導しています。詳しくはクリニックのホームページ（https://www.akamon-clinic.com/）をご覧ください。また、講演会やセミナーも積極的に行っています。ぜひ、お気軽にお問い合わせいただければと思います。

「スマホ勉強革命の執筆の最終日、最後までガンバレ！」

今、私のスマホには、こんなメッセージが表示されています。編集担当者の野島純子さんから、明日、印刷所に回されることになると聞いたとき、最後の最後まで気を抜いてはいけないと、予定表に入力するときに「ガンバレ！」を付け加えました。スマホであっても、やっぱり励ましのメッセージは心に響くものです。改めて実感!!

吉田たかよし

著者紹介

吉田たかよし　医学博士・心療内科医師。本郷赤門前クリニック院長。新宿ストレスクリニック顧問。1964年生まれ。灘中学、灘高校、東京大学工学部卒業。東京大学大学院（生命科学）修了。北里大学医学部などを経て、東京大学大学院医学博士課程を修了。東大在学中、生命科学の研究に従事しながら余暇の時間に独学で国家公務員Ｉ種経済職試験に２年連続合格し、受験のカリスマとして話題になる。現在、脳科学と学習医学を活用して受験生を合格させる心療内科「本郷赤門前クリニック」院長として受験生の心身をサポートし、難関大・難関学部入試はもちろん検定・資格試験など、あらゆる試験の合格へと導くかたわら、学習カウンセリング協会の理事長として、脳機能やメンタルトレーニングを応用した勉強方法の指導・普及に努めている。

脳《のう》科《か》学《がく》と医《い》学《がく》からの裏《うら》づけ！
スマホ勉強革命《べんきょうかくめい》

2019年１月１日　第１刷

著　者　吉田《よしだ》たかよし
発行者　小澤源太郎

責任編集　株式会社 プライム涌光
電話　編集部　03(3203)2850

発行所　株式会社 青春出版社
東京都新宿区若松町12番１号 〒162-0056
振替番号　00190-7-98602
電話　営業部　03(3207)1916

印刷　中央精版印刷　製本　大口製本

万一、落丁、乱丁がありました節は、お取りかえします。
ISBN978-4-413-23112-1 C0030